CRISTIANE HESS

QUALIDADE APLICADA

Como aliar teoria e prática

Editora
Labrador

Copyright © 2021 de Cristiane Hess de Azevedo Meleiro
Todos os direitos desta edição reservados à Editora Labrador.

Coordenação editorial
Pamela Oliveira

Preparação de texto
Laura Folgueira

Projeto gráfico, diagramação e capa
Felipe Rosa

Revisão
Leonardo Dantas do Carmo

Assistência editorial
Gabriela Castro

Imagem de capa
Freepik.com

Dados Internacionais de Catalogação na Publicação (CIP)
Angélica Ilacqua – CRB-8/7057

Azevedo-Meleiro, Cristiane Hess
 Qualidade aplicada: como aliar teoria e prática / Cristiane Hess de Azevedo Meleiro. – São Paulo : Labrador, 2021.
 128 p.

 ISBN 978-65-5625-095-3

 1. Sucesso 2. Desenvolvimento pessoal 3. Planejamento 4. Qualidade 5. Qualidade de vida 6. Motivação I. Título

 20-4250   CDD 158.1

Índice para catálogo sistemático:
1. Sucesso pessoal : Planejamento pessoal

Esta obra foi composta em Utopia Std 12 pt e impressa em papel Pólen soft 80 g/m^2 pela gráfica Meta.

EDITORA Labrador

Editora Labrador
Diretor editorial: Daniel Pinsky
Rua Dr. José Elias, 520 – Alto da Lapa
05083-030 – São Paulo – SP
+55 (11) 3641-7446
contato@editoralabrador.com.br
www.editoralabrador.com.br
facebook.com/editoralabrador
instagram.com/editoralabrador

A reprodução de qualquer parte desta obra é ilegal e configura uma apropriação indevida dos direitos intelectuais e patrimoniais da autora.

A editora não é responsável pelo conteúdo deste livro.
A autora conhece os fatos narrados, pelos quais é responsável, assim como se responsabiliza pelos juízos emitidos.

A Deus, por tantas motivações e bênçãos na minha vida, minha mais sincera gratidão!

Aos meus pais, por tanto amor e valores.

Dedico esta meta alcançada à minha filha, Beatriz, que, com seu lindo sorriso, sempre me motivou a subir com determinação os degraus do amor com qualidade.

Ser uma boa mãe é a melhor meta da minha vida.

SUMÁRIO

PREFÁCIO 7
CAPÍTULO 1: **MOTIVAÇÃO** 9
CAPÍTULO 2: **PLANEJAMENTO** 16
CAPÍTULO 3: **QUALIDADE** 26
CAPÍTULO 4: **AS DUAS QUALIDADES** 39
CAPÍTULO 5: **QUALIDADE COM FOCO NO CLIENTE** 48
CAPÍTULO 6: **TREINAMENTO** 57
CAPÍTULO 7: **COLETA DE DADOS x INFORMAÇÕES x INDICADORES** 66
CAPÍTULO 8: **MELHORIAS CONTÍNUAS** 73
CAPÍTULO 9: **ORGANIZAÇÃO** 81
CAPÍTULO 10: **BALANÇOS, MUDANÇAS E REALIZAÇÕES DOS PLANOS** 93
CAPÍTULO 11: **RESERVAS SÃO PORTOS SEGUROS** 101
CAPÍTULO 12: **LIDERANÇA** 110
CAPÍTULO 13: **INOVAÇÃO** 117
CAPÍTULO 14: **APRENDENDO COM O PASSADO** 122
REFERÊNCIAS 127

PREFÁCIO

Docente do Departamento de Tecnologia de Alimentos da UFRRJ desde 2005, Cristiane Hess atua não só com muita dedicação e amor pela profissão mas, acima de tudo, com extremo carinho e respeito por seus alunos. Seu esforço lhe rendeu inúmeras homenagens em quase todas as formaturas desde que iniciou sua carreira, pois é vista pela maioria dos estudantes como alguém muito acessível com quem se pode conversar francamente ou se aconselhar. Suas aulas são conhecidas pelo domínio da área e, principalmente, pela paixão com que ensina e pelo prazer que tem por compartilhar o seu conhecimento.

Esta obra reflete essas características, pois transmite de forma leve e agradável a possibilidade da aplicação dos conhecimentos técnicos às mais variadas atividades diárias. Cristiane continua com o mesmo espírito jovem e apaixonado pela vida que sempre lhe foi peculiar e que também está presente no exercício da docência, visto que mantém o mesmo entusiasmo do primeiro dia de trabalho a cada dia em que entra na sala de aula, ainda que sejam as salas de aula virtuais. Vamos ficar na torcida para que este livro seja apenas o primeiro de muitos.

Prof. Luiz Augusto Meleiro
Departamento de Engenharia Química da
Universidade Federal Rural do Rio de Janeiro

CAPÍTULO 1
MOTIVAÇÃO

Calma! Estamos só nos conhecendo, e este não é um livro motivacional, mas uma visão geral de como tudo o que está a nossa volta pode ter qualidade e ser feito de maneira mais planejada e funcional.

Então, por que eu falo em motivação? Discorro, aqui, sobre o lado prático da palavra, aquele que tira você da cama todo dia pela manhã como a voz da mãe que chama: "Vá atrás da vida, dos sonhos, do dinheiro, da felicidade, criatura!".

Algumas pessoas chamam de força de vontade, voz interior, pé na realidade... Chame do que quiser, mas isso é motivação, a voz da mãe que só quer o seu melhor, o megafone da vida. Tudo aquilo que faz com que você levante e saia da cama, da inércia, é motivação. Ficou clara a nossa motivação, está real para você agora? A motivação nos encoraja a continuar todos os dias.

É a voz que o empurra para os seus sonhos e o faz botar a mão na massa, em uma linguagem de hoje, tira do virtual e põe no real. Mesmo quando tudo parece loucura, viagem, surreal... Aquilo na sua cabeça o motiva a seguir. Naquelas manhãs de frio e chuva, a motivação ajuda a vencer os cinco minutos e mais cinco do alarme...

> OUÇA A VOZ!!!
> OUÇA A VOZ!!!
> **OUÇA A VOZ!!!**

Todo mundo que deseja evoluir passa por etapas: sonhar, lamentar, fazer planos, dificuldades, obstáculos financeiros, sorte, falta de conhecimento técnico, amigos bons e ruins etc.

O que é preciso fazer então é ter a certeza do que se quer. Aonde quero chegar? Meu negócio, meu apartamento, minha viagem, estudar fora, trocar totalmente de vida, reformar a casa, casar, mudar de área... Você decide!

Qualquer coisa que decida fazer ou caminho que decida seguir, escute: para fazer bem-feito e dentro do padrão que tenha qualidade, DÁ MUITO TRABALHO!

Antes de continuar este livro ou qualquer coisa na vida, é melhor que saiba que tudo com qualidade é trabalhoso. Não se trata do caminho mais fácil, mais rápido, mas do correto, em que temos satisfação, atingimos as nossas metas e temos sempre clientes felizes. Mas é também o caminho em que trabalhamos muito.

Você vai chorar, pensar em voltar atrás, contar o dinheiro (que é pouco), passar mal, trabalhar no Carnaval, no Natal, enquanto todos sambam ou abraçam a família, suar a camisa, largar as festinhas de amigos e o conforto.

> **MAS NÃO PERCA NUNCA O AMOR E A FÉ, O PLANEJAMENTO E A QUALIDADE: ESSAS SÃO AS MOTIVAÇÕES QUE O LEVARÃO AOS SEUS SONHOS PELO CAMINHO CORRETO.**

É isso que leva às suas metas, aos seus objetivos. Não é fácil, rápido nem divertido.

Fácil, só tirar doce de criança.
Rápido, só trem-bala.
Divertido, só parque de diversão.
Estamos falando de metas, sonhos, vida real! Em resumo, vamos ralar, ralar e ralar.

A motivação é a purpurina – ou melhor (sou velha), o glitter da vida. Ela transforma o difícil, a rotina, o lado duro e triste das metas em incentivo para o que virá pela frente. Essa voz lembra que estamos no caminho dos sonhos, e que ele vale a pena. De maneira correta e lícita, não chegamos ao topo sem lutar, e ter a força da nossa voz interior é o incentivo mais forte, o apoio real.

Para realizar sonhos, renunciamos a muitas coisas, mas atenção: nunca renuncie a valores éticos/morais. Não existe a lei do incorreto, do ilegal na qualidade – ao contrário, esta é fruto do trabalho correto e da cooperação de pessoas, de um caminho de seriedade moral. E a motivação é uma coisa que impulsiona para fazer o correto. Não pense que o meu sucesso é a queda de alguém; o meu sucesso é a melhoria de todos – vamos discutir isso mais à frente.

A gente reconhece o brilho das pessoas que seguem com motivação. Seja você professor, vendedor ou médico, não importa, escolha o que faz com motivação, amor ao que faz. Descobrir do que você gosta o torna diferente, você brilha e as pessoas percebem a dedicação; o empenho no que gosta de fazer traz a diferença de um trabalho bem-feito, com a luz da felicidade acesa.

Acredito que os seres humanos podem desempenhar os mesmos papéis se receberem estudo e treinamento para o que se destinam a fazer, entretanto, aqui entra um tempero natural que nasce conosco: o dom, essa palavra monossílaba de três letras e chave da motivação. Cada um nasceu com essa inclinação natural para alguma coisa, a tendência que ajuda muito a explicar a motivação, o dom nos leva para determinadas áreas e nos faz gostar e nos dedicar com amor. A motivação vem da somatória de dom, experiências pessoais e, claro, muito trabalho e força de vontade. Dessa maneira, escolhemos e nos dedicamos a diferentes áreas e sonhos com alegria e muito satisfação.

Por motivação você está lendo este livro, por motivação chegou até aqui, por motivação vai atrás dos seus sonhos.

Antes de continuar, vamos às perguntas sinceras. Se você responder "não" à maioria, precisamos rever a caminhada, mas, se responder "sim", vamos conversar durante toda a sua leitura.

1. Você tem sonhos?
2. Já nomeou os seus sonhos?
3. Eles são normais, ou seja, possíveis de alcançar? (Não adianta querer comer a Lua achando que ela é de queijo; ser realista com a vida é importante também.)
4. Você renuncia a algumas coisas por eles?
5. Tem motivação para realizá-los?
6. Acredita que tudo com qualidade é correto e mais duradouro?
7. Já planejou o que fazer para realizá-los?

Um pouco da história deste livro: leciono a aplicação técnica da disciplina de qualidade, mas sempre tive vontade de compartilhá-la com a vida pessoal. Pontuo para os meus alunos como pegar as aulas teóricas e levar para a prática, para todos poderem perceber que a qualidade não está só na teoria ou em uma grande empresa, mas é algo que podemos levar para a realidade de cada um. Sempre dei conselhos para os meus alunos e amigos usando as técnicas ou metodologias dos livros, mas não conseguia parar e colocar no papel. Tinha o sonho – a motivação –, mas o tempo não me ajudava, a vida corrida, uma filha, uma casa, almoço, jantar, trabalho, tudo de qualquer pessoa normal que, quando vai dormir, até escuta a voz da motivação, mas já está nos sonhos.

Então, de repente, a pandemia de 2020 virou tudo de cabeça para baixo; ninguém sabia o caminho e a melhor coisa a fazer. Tudo mudou tão rápido que confesso que demorei para realmente voltar a ser uma pessoa "normal", entrei em choque com a nova realidade. Moro em uma cidade distante de todos os meus familiares, então, éramos só eu, meu marido e minha filha. Depois do susto, começaram as cobranças da nova vida em casa: escola da filha, trabalho, almoço e jantar, faxina... Uma loucura...

Foi então que minha motivação gritou no meu ouvido: "SEU LIVRO, CRIATURA!". Mas tudo era o caos, eu dividia meu computador com estudos de criança, e tinha de lavar, passar, cozinhar... Mesmo assim, escutei e acreditei: arrumei um caderno pequeno e fácil de carregar para a cozinha, para a área de serviços, até para baixo do travesseiro. Ali, comecei a escrever este livro e, acredite, era o possível para cozinhar e escrever, assistir às *lives* e escrever, ver dever de filho e escrever... O caderninho (coisa do século passado) era a forma mais prática de ouvir e me resolver com a minha motivação. Muitas vezes, a letra estava tão feia que na hora de digitar nem eu entendia, mas segui com toda a determinação de quem tem amor e fé, planejamento e qualidade. Claro que há mais de cinco anos eu já tinha planejado os capítulos e o que gostaria de dizer em cada um deles, só faltava escrever.

Começamos os sonhos mesmo que de forma torta – no meu caso, em um caderno de bolso –, damos os passos possíveis, depois melhoramos e reformulamos. O planejamento ajuda nisso, pois o importante nos sonhos é planejar e caminhar, nunca ficar parado. Seguir em frente com sua motivação. Depois, melhorias contínuas vão progressivamente lapidando o projeto e tornando-o mais adequado para cada momento técnico e financeiro.

A moral dessa e de muitas histórias é que o começo dos sonhos nem sempre é como queremos: nem sempre tenho a qualidade ou tudo o que desejo, mas preciso começar e, da maneira mais viável e com o planejamento que tenho, subir as escadas da qualidade (já vamos para elas).

Uma motivação muito importante de se manter é a coletiva, a da família ou equipe em seguir juntos. Saber deixar todos motivados e fazer a jornada acompanhado é mais agradável e traz maior rapidez em alcançar as metas. A união faz a força, como já diz o ditado. O apoio do grupo é não só força de trabalho, mas também apoio mental, porque a conversa, a empatia entre os seres humanos, aumenta a vontade de trabalhar ou passar por fases difíceis. Além disso, a troca de experiências e aptidões individuais sempre somam e motivam a rotina diária.

CAPÍTULO 2

PLANEJAMENTO

Planejamento: "1) ato ou efeito de planejar; 2) trabalho de preparação para qualquer empreendimento, segundo roteiro e métodos determinados, planificação."[1]

Fui ao dicionário para começar a introduzir este assunto que as escolas deveriam colocar como disciplina no início do aprendizado das crianças, pela importância que tem e como pode mudar uma vida. Reparem que o dicionário se refere ao "trabalho de preparação para qualquer empreendimento...". Isto é: antes de começar qualquer coisa devemos PLANEJAR. Mas planejar o quê?

Tudo: uma festa, as férias, um negócio, uma arrumação, o dinheiro, o mês, o ano, uma empresa, tudo, tudo, tudo...

Na prática, o que é isso? Como começar? Qual o ponto de partida? Vou tentar facilitar com um passo a passo:

---

1. FERREIRA, Aurélio Buarque de Holanda. **Novo Aurélio Século XXI: o dicionário da língua portuguesa.** 3 ed. Rio de Janeiro: Nova Fronteira, 1999.

Passo 1: Definir objetivo/sonhos – O que é isso? Exatamente o que se quer atingir: abrir seu negócio, viajar, estudar no exterior, juntar dinheiro para uma casa, uma festa de casamento etc. Não importa o que deseja ou a grandiosidade, o que importa é definir o que se quer, aonde se quer chegar – a isso, damos o nome de meta. Ela muda e se transforma a cada etapa da vida ou aumenta de uma para várias em diferentes instâncias: na vida pessoal, profissional, financeira... Quanto mais clara e definida ela for, mais fácil planejar. Então, procure definir muito pontualmente essa etapa.

Cada meta precisa ser pensada e trabalhada individualmente. Exemplos de metas:

- Uma viagem (lazer ou estudo)
- Abrir o seu negócio
- Crescimento do negócio
- Criar um produto
- Estudar (curso de formação, especialização etc.)
- Crescer no trabalho
- Comprar (casa, carro etc.)
- Organizar sua vida financeira
- Festa (casamento, aniversário dos filhos, bodas etc.)
- Uma obra na casa...

Passo 2: Conhecer, estudar, pesquisar sobre sua meta – Quanto é o valor estimado daquela meta? Preciso de materiais ou algo em específico? Qual o alcance dela na minha vida? Envolve outras pessoas? Quantas? Tenho um prazo estimado? Pesquise sobre experiências parecidas. Busque dicas ou conselhos de pessoas que acertaram ou erraram fazendo a mesma coisa. Quanto mais informações você conseguir, mais clara essa ideia será estruturada no seu planejamento. E mais: conhecer sobre o assunto levará a novos caminhos não pensados, ou até a uma mudança total de planos. Não devemos entrar de cabeça em um campo desconhecido. Hoje, com a quantidade de informações disponíveis e a facilidade de encontrar pessoas na internet, é fácil ouvir opiniões e experiências. Mas lembre: cada pessoa tem a sua trajetória; escute, aprenda, mas faça a sua história.

Passo 3: Planejar a meta – Tudo o que colocamos como meta deve ser individualmente planejado. Quanto mais realista e organizado você for no plano e mais dados tiver, mais fácil de executar será. Coloque no papel:

META X
I) Onde estou?
II) Como posso fazer para chegar?
III) Onde quero chegar?

Essas são as respostas de que você precisa para cada meta. Seja bem claro, específico e detalhista; isso vai ajudar muito no passo 4. No item II, coloque quantos subitens precisar.

Passo 4: Como chegar – Neste passo, precisamos abrir mais e desmembrar em tópicos o item II do passo anterior, já incluindo a realidade do momento (onde estamos), afinal, mesmo em uma realidade ruim é possível planejar. Dinheiro ou qualquer item material não são requisitos das metas/planejamento. Podemos planejar com um computador ou até com um caderno e caneta. O caminho do planejamento envolve o conhecimento (passo 2) e a criatividade. Isso significa que hoje você pode planejar muitas metas para sua vida pessoal e profissional futura.

Vou enumerar como vamos proceder com um exemplo: imagine que sou um estudante e sonho em abrir minha empresa. Não tenho condições financeiras, mas tenho, sim, uma mente criativa, empreendedora e estou em um ambiente de ideias e conhecimento. Como começar?

Posso tomar a atitude comodista e preguiçosa: "Não tenho dinheiro agora; quando me formar, junto dinheiro e penso nisso"? É uma resposta impensável se você está lendo este capítulo.

Nesta altura do livro, você já vai pensar: "Vou começar o meu planejamento para minha meta".

Seguindo os passos na ordem:

Passo 1: Definir minha meta: abrir minha empresa.

Passo 2: Aprender sobre o assunto, buscar conhecimento em cursos, palestras, congressos, disciplinas, tudo que o meio do aprendizado pode me oferecer. Peço até para assistir aulas como ouvinte no contraturno sobre assuntos diversos – não só sobre o tema da empresa, mas sobre negócios, finanças, empreendedorismo, relações humanas, tudo, tudo, tudo e mais tudo que puder aprender.

Começo a participar de grupos, empresas juniores, consultorias estudantis no ramo que penso em atuar. Arrumo uma iniciação científica ou estágio voluntário com alunos da pós-graduação. Meu objetivo é aprender e abrir os caminhos para saber como seguir no passo 3.

Passo 3: Agora, efetivamente, começo a traçar os planos:

I) Onde estou: Estudando para me qualificar profissionalmente.

II) Como posso fazer para chegar (pensando na minha realidade atual de estudante):
- cursos e aprendizado;
- networking: conhecer pessoas, construir laços de afinidade, participar de eventos técnicos e conhecer o mercado e, claro, as redes sociais;
- tentar escolher projetos de pesquisa e trabalhos nas áreas sobre as quais gostaria de aprender e/ou

atuar – assim, além de aprender, vou trocar ideias com professores e pessoas que conhecem sobre o assunto, abranger uma nova visão de custo e do mercado;

- procurar um estágio em empresas do meu ramo de interesse, tendo na prática a vivência na área de atuação que escolhi, além de conhecer pessoas, detalhes e custo exatamente no tema do planejamento;
- procurar instituições que ofereçam cursos gratuitos (presenciais ou online) profissionalizantes no assunto ou sobre gestão de negócios e finanças (preciso também começar a planejar o dinheiro);
- estudos continuados: procurar outro curso que complemente o anterior ou pensar em expandir meus estudos, fazer graduação, estudar diferentes línguas.

III) Aonde quero chegar: agora, posso alimentar com respostas essa pergunta, pensando em tempo, valores, equipamentos, pessoas, espaço físico etc. Passei por muitas experiências sobre o assunto e tenho toda condição de dissertar sobre cada item com clareza e realidade do mercado.

Esse exemplo mostrou que, em qualquer momento da vida, posso escolher a meta, planejar e achar saídas para ir ao encontro desse sonho. Não dá para ficar no sofá esperando o Papai Noel. Acho que você já sabe que passou dessa idade, então comece os seus planejamentos. Repare que, quando coloca o cenário na sua frente, muitos caminhos podem se abrir, e, quando você começa a planejar, listar, visualiza o que já faz a diferença para o futuro. O futuro pode ser amanhã, mas o planejamento é hoje. E sempre tem alguma coisa para fazer agora.

Uma das coisas que o planejamento faz é ajudar a refletir sobre como alcançar a meta, superar as dificuldades e vencer seus limites. Quando planejo, sempre acabo fazendo um exercício de autoconhecimento e superando até o que não sabia que podia, venço o medo na teoria e depois aplico na prática. Isso aconteceu várias vezes comigo: sou uma pessoa tranquila, mas de mente inquieta, estou sempre planejando, pensando e tentando realizar metas.

Não pense na sua situação hoje, olhe para frente e tenha a visão de onde quer chegar e como pode trabalhar, construir e atingir os objetivos, com ética e respeito a tudo e a todos (isso também é importante, nunca passe por cima de alguém para cumprir o planejado, pare e repense o curso das coisas, se algo precisa mudar).

Quanto mais claras e reais forem as suas metas, mais concreto pode ser o seu planejamento e mais nítidas e expressivas podem ser as etapas do seu projeto para apontar os caminhos da realização. Na maioria das vezes, precisamos ajustar ou traçar novos objetivos ou prazos – a reflexão constante em cima das metas é saudável e necessária, afinal, todo dia é uma nova etapa na caminhada. Mude seu planejamento quantas vezes achar importante; para funcionar, o planejamento deve ser totalmente dinâmico – estático e imutável, ele perderia a validade e se perderia com o tempo; são as novidades, o girar do mundo e a mutação do planejamento que o deixam sempre viável para uma meta imediata ou para o futuro.

Obviamente, quando montamos um planejamento, nós o colocamos dentro da nossa realidade financeira, profissional e pessoal do momento. Uma meta datada pode virar atemporal quando revista.

O mundo muda muito rápido, por isso, devemos sempre abrir espaço para observar essas mudança e como ela pode impactar nossos planos positiva ou negativamente. Assim, se estou planejando a longo prazo, é bom deixar alguns espaços para observações e reflexões sobre alguma novidade que afeta diretamente a execução, ou já fazer sugestões plausíveis de mudanças.

Uma dica para cada meta é criar também indicadores de melhora ou piora, que o ajudarão a saber se está progredindo ou regredindo, ou mesmo se está estagnado na caminhada. Por exemplo, um indicador em porcentagem de quanto já atingiu do sonho, pois a visão em percentual pode ser mais direta para acompanhar o quanto falta para chegar no final. Outra possibilidade é uma lista de etapas e tarefas a serem feitas. Eu chego a criar escalas encorajadoras para mim mesma: penso na quantidade de corações de que preciso para atingir alguma etapa e vou colorindo ou flechando os corações, assim, sei que estou caminhando apaixonadamente para a realização. Uso também carinhas felizes ou tristes no fechamento dos meses, assim, sei se atingi o objetivo ou não naquele mês. Levar as coisas de forma leve e divertida é um bom conselho para fazer a caminhada agradável e prazerosa. Afinal, estamos indo atrás de um sonho! Tudo bem que isso envolve o trabalho duro e noites de sono, mas a alegria de viver essa caminhada não pode ser esquecida. Se você perdeu essa alegria, pare tudo e reveja suas metas.

Lembre também que cada meta deve ter seu objetivo próprio, e que esses objetivos são dados ou valores mensuráveis, quantificáveis, para que o balanço da caminhada seja feito com indicadores.

Nada deve seguir sem uma análise crítica, com algum indicador para avaliar os passos. É mais fácil mudar o rumo quando os números mostram os erros: a matemática é muito sincera e não vai mentir quando o assunto for dinheiro ou o ativo aplicado na meta.

Em vários momentos do seu planejamento, retorne ao início, volte às origens, sinta a essência da sua meta (sonhos). Às vezes, nos perdemos no tempo e não encontramos o porquê de tudo o que fizemos. Esse é o momento de parar e rever o planejamento. Tudo tem sentido para a realização do sonho, portanto, se em algum momento esse caminho tomou uma curva e entrou em lugar errado, recupere o curso original, olhe à sua volta e replaneje a sua caminhada. Mudar os planos é maravilhoso se for o que você deseja, mas não se for fazê-lo perder a sua trilha original.

Antes de criar uma nova meta, um novo lance de degraus a subir, reveja seus sonhos e suas metas já existentes e planeje com alegria mais um desafio na sua vida. A vida sem desafios é pipoca sem sal!

Importante lembrar que a cada nova meta e cada patamar, mesmo com desafios diferentes, as experiências, o planejamento e a visão de qualidade já estão incorporados em você. Atenção para analisar todos os detalhes e bom recomeço!

> Não sofra ao planejar a longo prazo; vá apreciando o caminho do seu planejamento, mudando, acrescentando ideias. Eu já construí metas que levaram quatro, cinco, oito, até doze anos para concretizar-se. Com meus caderninhos de folhas amareladas, consegui realizar todas, com muita paciência e força de vontade. Monte seus sonhos e busque-os com amor e fé, planejamento e qualidade!

CAPÍTULO 3

QUALIDADE

Por toda a vida ouvimos essa palavra: QUALIDADE.

- Qualidade de vida
- Qualidade de produto ou serviço
- Qualidade do material

Mas o que é na prática? Como chegamos até ela? Só coisa cara tem qualidade?

Esqueça tudo isso... Vamos começar do começo.

A palavra "qualidade" pode ter muitas definições e ser vista por muitos ângulos. Mas há sempre um único caminho para obtê-la. Isso parece absurdo? Mas não é... O que pode haver em comum entre a minha qualidade de vida e a qualidade de um produto de uma empresa? A resposta: planejamento, padronização e fazer bem-feito.

Para chegar à qualidade em qualquer caminho da vida, só precisamos fazer as coisas padronizadas (anteriormente planejadas) da maneira certa e bem-feitas desde que começamos a sonhar com elas. (Essa é a minha definição quase infantil, mas que traduz de forma simples e fácil a qualidade na prática.)

Para chegar ao topo da qualidade, subimos lentamente pequenos degraus todo dia, pensando nos detalhes de cada um. Errando e voltando para trás quando necessário e sempre buscando melhorias.

A qualidade independe de preço, de luxo ou de frescuras. Qualidade é aquilo que atende às suas expectativas (ou às do cliente), que o faz querer voltar ao lugar ou comprar novamente; no fundo, esse sentimento subjetivo envolve um padrão de serviço ou produto cujos atributos são muito bons e pensados para dar certo. Apesar de toda a subjetividade envolvida, fica claro para você quando gosta muito daquilo que viu e viveu.

E a qualidade de vida? Também é um padrão de atitudes e escolhas (planejadas e padronizadas) diárias que levam a atender suas expectativas de saúde e bem-estar, e, em muitos casos, o reconecta às coisas simples que realmente podem afetar o seu dia a dia. Também devem ser revistas e mudadas, se necessário.

Agora, vamos a um exemplo. Escolha com sinceridade o que é a verdadeira qualidade que gostaria de atingir ou obter como chefe do negócio.

Caso 1: Uma clássica confeitaria de uma cidade à beira de um rio, com anos de tradição e clientes muito fiéis que tem em seu cardápio desde um simples café, tortas e doces tradicionalíssimos até requintados catálogos para encomendas de bolos de casamentos. Em determinado momento da jornada, é necessário contratar um confeiteiro para o quadro da cozinha. Os dois chefes ficam doidos porque a equipe é a mesma há anos, todos têm orgulho de trabalhar lá e seus nomes frequentam revistas famosas da área, porque são os melhores. Como arrumar uma pessoa nesse nível de que precisam? Tiveram, então, a ideia de fazer a chamada e pedir como entrevista de seleção uma prova de aptidão.

Feita então a chamada, no dia da prova de aptidão, cinco pessoas apareceram e foram dispostas na enorme e linda cozinha da confeitaria, cada uma em um canto, sem olhar a outra. Foram explanadas as regras da prova. Um dos chefes apontou em uma bancada o que todos tinham, falando:

— Todos têm à sua frente bombons prontos, creme de cobertura, uma farinha de chocolate meio amargo e avelãs moídas, e minimoedas de chocolate branco com o brasão da nossa empresa. Vocês terão uma hora para montar o maior número de bombons que puderem, dentro do que julgarem importante. O modelo é o da foto que está na bancada. Uma observação: esses bombons são dados como presente para todos os clientes que compram em nossa loja desde a sua inauguração. Independe se compram um café ou um bolo de casamento. Para o dono da empresa, isso é uma joia que agradece a preferência e o convida a voltar muitas vezes.

Começou a prova, e cada confeiteiro se concentrou no seu trabalho. A maioria prezou pela quantidade: já que todos fariam a mesma coisa, a produtividade influenciaria a decisão dos chefes. Dois pensaram diferente dos outros; um pensou em criatividade, "vou fazer diferente do modelo para inovar e ser o inovador", e somente um pensou na qualidade do trabalho, fazer os bombons mais perfeitos e corretos que um cliente merece.

Durante a prova, os chefes observavam a forma de trabalho de cada um, a organização, o desperdício de material, a calma ou a agitação de cada um, pensando em como seria o dia a dia daquela pessoa no serviço. Um candidato em especial chamava atenção pela calma e a maneira como escolheu começar a trabalhar. Ela pegou um pedaço de papel, mediu algumas coisas e, depois de rascunhar sabe-se lá o quê, começou o trabalho de forma incrivelmente organizada e tranquila.

Após uma hora e tudo encerrado, os avaliadores pediram que se retirassem, e eles chamariam um por um para serem entrevistados. Antes de chamar alguém, olhavam as bancadas, os bombons, a limpeza e a tigela de produtos descartados. Eram impressionantes as diferentes personalidades e os resultados. Após conversar com cada um, eles se reuniram para a escolha que poderia mudar uma vida. Os três que focaram em quantidades tinham um resultado, em números, fantástico: todos chegaram perto de 200 unidades de produto acabado, mas a maioria não atingia o padrão de uma joia, como o fundador primava há décadas, além de haver um volume excessivo de material desperdiçado e mal arrumado nas formas de apoio. "Nenhum deles é o que queremos", concluíram. Uma pessoa que foi para o lado da criatividade conseguiu produzir quase dez modelos bem criativos e perfeitos de produtos, mas que não tinham nada a ver com a cara da empresa extremamente conservadora e tradicional; em um dos modelos, chegou a fazer uma pirâmide com as moedinhas de brasão. "Talvez seja uma personalidade fantástica, um talento nato, mas não para o nosso perfil neste momento", pensaram os chefes. Porém um dos candidatos, exatamente aquele que anotou e mediu tudo, tinha um diferencial: ele produziu quase 100 unidades, exatamente 97, como anotou em sua bancada, e três ainda inacabadas. Todos os bombons eram uma perfeição, montados impecavelmente, seu creme era aplicado com bico de confeiteiro e sua farinha de chocolate com avelã foi a única peneirada e aplicada homogeneamente ao creme antes de colocar a moedinha. Em sua tigela de descarte, apenas duas moedinhas finas de brasão e, para fechar tudo, seus bombons eram arrumados na bandeja de apoio em uma perfeição que parecia medida com régua. Lembraram então quando perguntaram ao candidato sobre o número de unidades, e a resposta foi muito simples e perfeita:

— Nunca tinha vindo na loja. Aprendi a confeitaria com a minha avó, uma senhora simples, mas que primava pelo amor ao que fazia, tinha clientes em toda a sua aldeia, pela qualidade de seus produtos. As pessoas reconheciam alguma coisa diferente neles, e foi isto que ela me passou: o fazer para a alegria do cliente. Ela dizia que seus clientes eram únicos e não importava o valor da compra, mas a confiança que depositavam nela na hora de encomendar os doces, por isso, todos tinham que ser perfeitos. Quando entrei na loja e li em uma das paredes a frase "Trate todos os clientes como se fossem o rei", percebi a mesma preocupação da minha avó e me identifiquei com a visão da empresa, que não prioriza o dinheiro, e sim a satisfação do cliente. Quem toma o café hoje é quem pode amanhã me pedir o bolo mais caro. Por essa razão, trabalhei de forma delicada e uniforme em todos os bombons, assim, todos os clientes são tratados como o rei, como imaginou o dono da loja quando colocou aquela frase na parede.

Por último, os chefes perguntaram sobre as anotações no início da prova, e a resposta foi ainda mais surpreendente:

— Antes de começar a trabalhar com as ferramentas que não conhecia, precisei fazer um planejamento e me adaptar às condições, além disso, calculei as bandejas e anotei quanto e como poderia arrumar os chocolates para ganhar espaço sem deixar que eles grudassem um no outro e derretessem com o calor. Assim, arrumei tudo, apliquei o creme com bico, polvilhei a farinha (como não era homogênea, precisei peneirar para sumir na boca com o chocolate) e, por fim, coloquei delicadamente a moeda de brasão, precisei descartar duas porque eram finas demais (fora do padrão normal) e o cliente não iria sentir o gosto do chocolate branco naquela espessura.

Claro que essa pessoa ganhou a vaga.

Percebeu o cuidado do candidato que foi selecionado nessa empresa? O foco dele era exatamente a visão de qualidade! Você não produz o caro ou o barato de maneira diferente, tudo deve ter um único peso: o cliente satisfeito. Assim, independente de gasto ou volume da encomenda, o respeito à maneira de fazer traz a qualidade em todas as suas faces.

Percebe o que é qualidade na prática? Nessa situação, quem você escolheria para sua cozinha? O que você prefere? Note que, ao pensar no cliente como uma pessoa única, a joia, independente do número ou valor gasto, você vende qualidade, e a colheita financeira vai ser consequência do seu trabalho bem-feito. O cliente compra mais, volta a comprar sempre e indica o seu produto como um diferente no mercado.

Toda vez que você desejar fazer/sonhar com alguma coisa, pessoal ou profissional, já pense ou sonhe com QUALIDADE.

Sonhar com qualidade não é loucura. Sou igual a você, sonho e tenho planos, mas já coloco a realidade das melhoras contínuas e de como fazer correto desde o início.

Vamos pensar agora na qualidade de vida. Você resolve planejar seu dia para melhorar seu bem-estar e sua saúde, arruma uma alimentação melhor, organiza a rotina para fazer caminhada/atividade física, dormir melhor, tenta não ficar nervosa nas adversidades, cola na porta da geladeira as novas regras e tudo resolvido, você terá a qualidade de vida perfeita... Você fez tudo certo, tecnicamente. Na verdade, os problemas, os desafios, o real custo da meta e tudo que planejou vai aparecer na prática, então, como pensar em qualidade desde o início? Aqui entrarão as suas atitudes, o seu comportamento.

Voltando a usar uma metáfora: imagine um prédio bem alto em que a cobertura é o topo da qualidade, aquilo considerado como excelência, aonde todos querem chegar. Claro, queremos ir ao topo, mas, para chegar lá, precisamos subir degrau por degrau. Essa é a melhor representação da qualidade: todos os dias subimos degraus, superamos o cansaço, os desafios encontrados, e cada andar que atingimos é hora de olhar para baixo, analisar acertos e erros e programar a subida para o próximo degrau ser melhor, fazendo o balanço técnico e comportamental da escalada. O próximo andar já contará com a nossa experiência, a resistência física e o balanço positivo/negativo do que passamos. Assim é a escalada em busca do topo. Cada degrau de uma vez, cada passo como um balanço de caminhada, e o topo chegará.

Parece fácil, mas nem sempre é... Como assim? Se subi cada degrau corretamente, respeitei a visão da qualidade, planejei tudo, treinei e fui treinado para cada novo andar, mudei o que era necessário na hora certa, é mesmo mais simples. Mas repare que ninguém começa do topo. Tudo é uma subida consciente e baseada na construção de bases sólidas: se subo um, dois degraus dando um "jeitinho", já deixei a minha estrutura comprometida, e a qualquer momento ela pode ruir. Todos os detalhes são importantes.

"Você está me dizendo que posso voltar tudo atrás e não melhorar?" Claro, meu bom amigo, ter qualidade não é ser intocável — ao contrário, é trabalhar cada vez mais e melhor. Entretanto, várias coisas podem me derrubar, não só meus erros, mas a situação econômica do país, uma fase inesperada no mundo, uma pandemia ou qualquer outra coisa externa que sem querer pode fazer cair da escada.

Não pense, num momento desses, que perdeu tudo e que a qualidade não importa. Ao contrário: se você subiu com qualidade, fez tudo corretamente e construiu a base sólida, você não volta para o zero, já parte de um patamar de destaque, experiência e reputação entre os que o conhecem. Toda a bagagem acumulada no desafio vai com você para a próxima caminhada, então, já sairá com uma vantagem e uma visão ampliada do quanto já tinha subido.

Repare que a analogia ao prédio tem um objetivo também: cada vez que você sobe, sua visão fica melhor do que no plano e você pode ter uma panorâmica do entorno. Isso também vale para sua vida. A cada andar que vai subindo e aprendendo, sua impressão global é maior e a visão da sociedade, da realidade do seu lugar na meta é mais bem dimensionada. Mesmo com as tropeçadas do caminho, a formação da sua capacidade técnica (e da sua equipe) será mais madura e ninguém poderá tirar isso da sua trajetória.

Meu amigo, minha amiga, mesmo quando tudo dá errado, mesmo quando você precisa recomeçar, nem tudo está perdido; a qualidade não vai abandonar você!

Você pode pensar: "Que mulher otimista! Saia do seu mundo arco-íris, estou na lama!".

Escute, por favor! Este é o grande segredo de aprender, estudar e aplicar os degraus da qualidade: você nunca perde o que aprendeu, sempre recomeça ainda melhor, com atitudes mais estruturadas.

Agora, se acha que, quando chegar ao topo do prédio, vai deitar e tirar férias para sempre, nem sonhe! Ao chegar ao topo, você vai contemplar as estrelas e descobrir que pode subir até elas, e vai buscar cada vez mais as competências para isso. E digo mais, você vai olhar seus concorrentes do alto, concluir que alguns subiram ainda mais e vai planejar novas metas. O céu é o seu novo limite!

Se pensa que isso é uma ambição descontrolada, é porque você pensa na qualidade como dinheiro. A ideia não é essa: a visão de qualidade vai além disso, as melhorias contínuas são também para o bem-estar. Empresas que já estão num nível de produtividade perfeita buscam cuidar mais dos seus funcionários, clientes, atingir metas ambientais, fazer programas sociais... A qualidade também envolve a sociedade a sua volta, atitudes maiores que a sua particular. Quando você sobe, inclui também a solidariedade, a ética e o compromisso social em sua meta. Você percebe que não adianta só você ter qualidade, quer todos a sua volta no mesmo nível, você puxa todos com você. Quanto mais todos caminham com qualidade, melhor é o mundo coletivamente.

Em resumo: a busca pela qualidade é ilimitada, é dinâmica, ajuda a toda a sociedade, melhora a vida de seus clientes, seus funcionários são treinados e qualificados, os produtos e serviços são muito bons e tudo à sua volta melhora. Caminhar por essas escadas do fazer correto é algo lento, difícil, mas é coerente, respeitoso com seu companheiros de trabalho e ético com os valores morais da sociedade. Você logo encontrará quem pense igual, e um ajuda o outro na subida até as estrelas. Literalmente você descobre que o céu é o limite e não quer parar mais, não por obrigação ou dinheiro, mas por descobrir que o caminho é a melhor opção para atingir metas e ir muito além dos sonhos.

Uma coisa importante a ser destacada é que, quando construímos a nossa jornada da qualidade, não buscamos vender produtos ou serviços mais: a visão é construir uma marca que represente o que quero ofertar para as pessoas. Por isso falei em uma visão de sociedade: uma marca ultrapassa as paredes físicas do negócio, ela tem valores e pensa no coletivo, apoia projetos, preocupa-se em ser vinculada a causas do bem; assim como minha assinatura, essa marca diz que meus produtos carregam o peso desse nome. Quando alguém adquire um produto, tem uma garantia e, quando tiver um problema, há alguém por trás para resolver.

Você já deve ter ouvido falar na lista das "melhores empresas para se trabalhar" e, claro, muitos gostariam de ser contratados por elas. Por quê? Pelo dinheiro? Não, a resposta é a qualidade. Qualidade de trabalho possibilita melhor qualidade de vida, oportunidade de aprender e crescer, um ambiente comportamental menos competitivo e agressivo que pode levar a uma saúde balanceada, clientes satisfeitos etc.

Percebeu a visão integrada e as diversas consequências da caminhada pensando em melhorias? Os frutos são colhidos por muitos lados, a integração da visão da empresa se faz multilateral e um benefício soma-se ao outro.

Nunca pense em uma visão de qualidade para ganhar dinheiro. Ela é maior, muito maior. É a satisfação, a motivação de trabalhar e fazer bem-feito; é melhorar continuamente para agradar e tornar agradável para todos, gastar menos água e energia e usar embalagens sustentáveis para respeitar o meio ambiente... O propósito é fazer bem-feito sob várias faces, e o lucro é a consequência dessas atitudes.

Minhas frases inspiradoras sobre qualidade:

Quem tem qualidade não tem medo da concorrência.
Quando você e seus concorrentes têm qualidade, vocês não concorrem, vocês somam competências.
A qualidade é dinâmica, contínua e viva, como a vida!
Aprender sobre qualidade é a meta do paraíso.
Faça bem-feito na primeira vez.
Quem planta planejamento colhe qualidade.
O defeito, o desperdício e a ineficiência são os opostos de qualidade.

CAPÍTULO 4
AS DUAS QUALIDADES

Eu sei: ao ler o título deste capítulo, você pode ter pensado: "Duas qualidades? Mas eu já estava tentando fazer o possível para caminhar com apenas uma!".

Calma! Elas estão juntas em cada degrau que você vai subir, porém, é importante separar e trabalhar sob diferentes ângulos cada uma. Você provavelmente já aplica as duas e nem sabe disso. Elas são a qualidade com ênfase na parte técnica e a qualidade com ênfase na parte comportamental. Toda vez que traço metas e faço meu planejamento ou o planejamento dessas metas, preciso deixar claro não só quais conceitos técnicos foram aplicados (por mim ou pela equipe), mas também definir a parte comportamental (também minha e da equipe).

Falar em conhecimento técnico é fácil, claro. Se minha meta é juntar dinheiro para alguma coisa, é necessário conhecer de aplicações ou aprender sobre as melhores maneiras de aumentar meu rendimento. Mas já deu para perceber que só saber o que me trará lucros não basta. Preciso traçar planos de comportamento, o que fazer para captar os recursos, trabalhar mais, gastar menos, arrumar outras fontes de renda, vender coisas etc. Percebe como o comportamental faz parceria com o técnico? Por outro lado, sem o técnico, posso fazer muito esforço e perder o dinheiro por falta de conhecimento.

A mesma coisa acontece em uma empresa. Imagine que eu contrate uma pessoa com excelente formação técnica, mas que precisa atender clientes e não se sente preparada para isso: o comportamental afetará o técnico. Posso comprometer um bom funcionário e um bom cliente pela dificuldade de comunicação.

Voltando ao exemplo da confeitaria do capítulo anterior, a pessoa escolhida tinha uma habilidade técnica perfeita e primorosa, bem como um comportamento cuidadoso e meticuloso. É o somatório das duas qualidades desejadas para a vaga oferecida.

Concluímos, assim, que, para pensar em qualidade, são inseparáveis as variáveis técnicas e comportamentais. Por isso, vamos conhecer cada uma delas:

A qualidade técnica: formalmente, esse é o aprendizado efetivo, que livros, aulas e a vida podem acrescentar no seu currículo. É o saber fazer, o fazer correto, buscar constantes formas de aprender e sempre aprender um ponto novo, com um toque de inovação.

Isso é importante para você e seu negócio; sua equipe (ou mesmo você) não precisa ser a melhor, mas almejar chegar lá. O aprendizado individual e coletivo é intrínseco à escalada da qualidade, a vontade de descobrir novas técnicas, novos caminhos, as inovações na área, tudo isso faz de quem pensa assim um inovador nato e leva ao caminho da qualidade (que é sempre mutável). Busque sempre o aprimoramento individual e coletivo. Hoje isso é cada vez mais fácil com as possibilidades digitais. Se está em um grupo, valorize esse aprendizado em grupo, porque, lembre, quando todos têm qualidade, as competências se somam...

Quanto mais oferecer livros, cursos, reciclagens e aprimoramentos para sua equipe, mais ideias e sugestões de melhorias vão surgir, e isso levará ao crescimento técnico e aumento no nível de qualidade de produtos e serviços. Um dos segredos da qualidade técnica é a melhoria contínua da formação de todos na equipe.

Se você está na fase de formação, construa o seu currículo com cursos ou disciplinas voltadas para um aprendizado multidisciplinar. Cada vez mais o mundo caminha para uma visão abrangente, holística das áreas. Conheça o seu campo de atuação, mas um pouco de economia, administração, psicologia das relações humanas e sempre estude línguas.

Nessa face da qualidade, o debate de ideias, o diálogo técnico, as experiências positivas e negativas, os dados e balanços mensais devem ser debatidos, e todos devem ser inspirados a propor sugestões, melhorias e mudanças.

O crescimento técnico é bom para todos que compõem o processo de mudança: a empresa (cresce e atinge seu grau de melhorias), o funcionário (fica mais qualificado e, consequentemente, valorizado no mercado), o serviço/produto oferecido (ganha melhorias e inovações) e, claro, o cliente (satisfeito e atendido na sua expectativa).

A qualidade comportamental: aqui, entramos em um lado da qualidade muito delicado e até um pouco pessoal, por isso, mais difícil de descrever com palavras, já que reflete um pouco de nós nas nossas atitudes, o que já passamos, como vivemos e o que acreditamos. Com certeza o lado humano é importante para a qualidade, e aqui lembramos que tudo o que temos como metas é para pessoas (eu ou meus semelhantes), com histórias e sentimentos. Nada pode ser desvinculado disso. Então, seja minha meta pessoal ou coletiva, preciso pontuar comportamentos.

Nessa visão, é importante o posicionamento da cidadania, visão social e ambiental. Não se pode de maneira nenhuma sobrepor lucros a ética. Por isso, na hora de trabalhar tanto o funcionário quanto a empresa, é importante conversar sobre o quanto essas convicções morais são consonantes. Não se tem qualidade sem valores morais corretos. Você pode ganhar menos no começo, mas logo seus clientes sentirão a sua solidez de valores e isso fará a diferença ao longo da sua caminhada.

Um exemplo: se me encontro sozinho em um lugar e tenho a chance de fazer uma coisa errada para ganhar dinheiro e ninguém vai ver, o que faço? Pensando em qualidade comportamental, eu sigo a ética, faço o correto e ganho menos, mas respeito a moral e sigo os valores certos. Quando vier uma fiscalização/auditoria (supervisão técnica), meus documentos e números estão corretos e a equipe é o exemplo de trabalho com qualidade (nas duas acepções).

Se penso em abrir um negócio e vou trabalhar com produtos, posso pensar em usar o mais barato e colocar o nome do mais caro ou usar uma marca não tão boa quanto declaro; isso levará a problemas técnicos, mas na verdade é uma falha grave comportamental.

Só para dar uma visão de como isso pesa na prática, hoje muitos processos seletivos analisam currículos, chamam os bons, mas, na entrevista ou dinâmica, querem selecionar o comportamento, o que realmente você pode trazer para a equipe e se vai se adaptar aos valores da empresa.

Quando você consegue perceber que um curso ou um treinamento pode ensinar o técnico, mas não pode mudar comportamentos, entende o peso de considerar isso um lado forte na qualidade.

Vamos começar analisando a nós mesmos: reparem como temos o que chamamos de "manias" boas e ruins. Levamos facilmente da vida pessoal para a profissional essas manias. Como elas afetarão o planejamento de um negócio, uma aplicação ou um desenvolvimento de um novo produto/serviço? Podem afetar tudo se eu não souber mudar ou distanciar um comportamento ruim das minhas metas. Se sou muito consumista, posso torrar meu dinheiro, se sou muito prático, posso não ver todos os detalhes daquele produto ou serviço para o cliente, se sou perfeccionista, não consigo parar de encontrar defeitos etc.

O trabalho em equipe, ouvir pessoas que entendam do assunto, ou simplesmente meu público-alvo, pode me ajudar a anular alguns problemas que esses comportamentos negativos possam trazer.

O oposto também é verdadeiro: se tenho uma visão comportamental boa sobre determinado assunto ou ação, da mesma maneira, na conversa em equipe posso "contaminar" de maneira benéfica todos com aquela mudança de comportamento positivo.

Agora, como mudar comportamentos?

A resposta é a educação! Não a educação de mãe que nos ensina a vida toda a falar desculpa, por favor, obrigada... (Claro que essa não é menos importante, gentileza também é um bom e necessário comportamento!). Falo de educação por trás da técnica. Normalmente, o treinamento técnico ensina o que fazer e como fazer, o conceito teórico. A parte comportamental aponta por que se deve fazer corretamente, a sua importância numa equipe e, mais importante, o peso do seu comportamento correto em momentos em que você deve agir sozinho com a sua consciência.

O comportamento disciplinado é importante para seguir suas metas. Manter uma agenda planejada e cumpri-la sem muitas exceções torna a produtividade maior e melhor de ser alcançada. Um exemplo: se sua meta é juntar um dinheiro, você pontualmente deposita o dinheiro mensal para seus objetivos e, no tempo do planejamento, terá o que desejou. Ao contrário, se a cada mês apresenta um contratempo ou outra prioridade, certamente não chegará ao seu valor necessário no tempo previsto. Claro, imprevistos acontecem, mas eles são previstos no planejamento, e, caso um realmente não pensado apareça, com disciplina é possível redefinir a meta nos meses restantes e compensar o infortúnio sofrido.

Se sua meta é atingir uma qualidade de vida melhor, imagine como o seu comportamento fará toda a diferença. Como você vai se disciplinar, controlar a preguiça e ter coragem de mudar seus velhos hábitos? A avaliação comportamental pode fazer parte do seu planejamento: semana a semana, você pode se avaliar e dar um passo à frente nas suas mudanças.

Sendo assim, fica claro o peso comportamental na qualidade e o valor que deve dar às pessoas que trabalham com você em relação a essa face da qualidade, que muitas vezes não é falada, mas é indispensável para o sucesso de todos nós. Valores e comportamentos podem fazer a diferença na construção das suas metas, na busca pelo emprego dos seus sonhos e até nos produtos/serviços que deseja ofertar, se você for empresário. Valorize as pessoas que estão ao seu lado pelo desempenho comportamental delas, observe se nas horas de dificuldades elas mantêm firmes as suas convicções.

Um fabuloso teste de valores é ver se, na hora do erro, assumem sua culpa e resolvem os problemas sem querer afetar o próximo. Afinal, errar é humano, e corrigir lindamente o problema é ter QUALIDADE com as suas duas faces – comportamental e técnica!

Como mudar comportamentos pode ser lindo no livro, mas muito difícil na vida real, é importante trabalhar muito isso em você e nas pessoas à sua volta, e não ter medo de elogiar, criar uma escala para homenagear as maiores mudanças (individuais ou coletivas) e principalmente chamar atenção para como aquelas mudanças afetaram os resultados ou o convívio diário. Motivação é sempre o melhor incentivo!

Vale ressaltar que só construímos a qualidade final e subimos cada vez mais as escadarias desejadas das melhorias contínuas se misturarmos perfeitamente as duas faces (técnica e comportamental) e aplicarmos porções variadas de acordo com a necessidade do momento. Por exemplo: se um tanque de processamento de alimentos, em uma linha de produção, pode explodir, vamos trabalhar com a técnica (e depois, quando resolvido o problema, apurar se teve erro comportamental). Pelo contrário, se dois colaboradores estão brigando, vamos chamar para conversar usando nosso lado comportamental (calmo e justo) e depois apuramos se há erro técnico.

Posso estar sendo repetitiva, mas vale a pena falar: em quase todos os problemas, temos um lado refletido no outro, por isso, todos os planos levam em conta acertos e erros pelos dois lados e apontam claramente como posso criar melhorias quando eu e todos que estão comigo são frequentemente incentivados ao aperfeiçoamento técnico e comportamental.

> A melhor coisa que a vida me proporcionou profissionalmente foi poder ser professora, aprender, ensinar e conviver com pessoas constantemente. Tenho a chance de estudar as duas fases da qualidade diariamente, uma para dar as aulas (técnica) e a outra para conversar com os meus alunos (comportamental). Muito do que escrevo vem dessas conversas diárias e gratificantes para ambos os lados.

CAPÍTULO 5

QUALIDADE COM FOCO NO CLIENTE

Existem muitas visões de como planejar e subir os degraus da qualidade: a perfeição, a manufatura, a busca pelo melhor custo-benefício etc. Mas sobre todos os caminhos existe um olhar em comum, um objetivo que nenhum livro de números despreza: ele, O CLIENTE.

O cliente não é apenas um fator na equação de negócios. Ele deve ser visto como um parceiro, em uma relação de amizade. Quando alguém adquire um serviço ou produto, existe por trás um elo afetivo: o cliente cria uma expectativa e espera ser respeitado nessa confiança que depositou em você.

Por isso, independente da sua forma de negócio, da sua visão de produção, o caminho da qualidade sempre cai em uma máxima: FOCO NO CLIENTE! Vamos pensar em algumas frases sempre repetitivas, mas agora entendendo o peso enorme delas na prática:

- O cliente tem sempre razão.
- Sua majestade, o cliente.
- Faça do seu cliente um grande amigo.
- Trate todos os clientes como se fossem o rei.

O que isso tudo significa?

Significa que, em qualquer ramo que você escolha atuar (qualquer mesmo), o olhar do planejamento será voltado para deixar o cliente feliz. Tudo que produzo e faço da melhor maneira possível perde o sentido se não for para preencher as expectativas de consumidores. Que sucesso pode ter o alimento mais nutritivo do mercado se as características sensoriais são indesejáveis para o consumidor? Fracasso nas vendas, é claro.

Quando o cliente gasta o seu dinheiro e adquire algum produto/serviço, está intrínseca a felicidade, a satisfação no uso ou benefício do serviço. Esse é o momento de selar a relação cliente-negócio. Aqui, vão se somar todas as visões de qualidade, mesmo que subjetivas, para nossos cérebros de julgadores. A resposta vem na face, em um enorme sorriso satisfeito, ou o oposto, um semblante triste e decepcionado de "não era o que eu estava esperando".

A satisfação com o produto/serviço é uma das maneiras de conquistar o seu cliente, mas, claro, não é a única. A perfeição da manufatura, a padronização, a ergometria, a beleza, a durabilidade, a marca de qualidade que confio, tudo isso é pensado no momento da compra ou escolha do serviço (uma qualidade técnica). Mas, acredite, isso não é tudo para cativar seu cliente! Sabe por quê? Porque nós somos seres humanos, temos sentimentos, memórias afetivas, não compramos só para suprir necessidades físicas e materiais. Levamos para a vida prática nossas experiências boas e ruins – e, acredite, isso influencia muito no nosso perfil de compras.

Quando nos identificamos com marcas, lojas, restaurantes e tudo mais do nosso dia a dia, estamos imprimindo também a simpatia com a postura, os valores, o que aquela marca apoia ou em que acredita, se tem vínculos com o que concordo ou reprovo, se me agrada ou não. Essa empatia pode começar com um comercial, uma embalagem mais ecológica, um material que valorize as raízes do país, causas sociais – e, claro, tudo isso tem a ver com qualidade.

Funciona mais ou menos assim: você compra ou vê alguma coisa do produto ou serviço e, ao chegar em casa, pesquisa, lê, se identifica com a marca. Uma empresa não constrói um produto, ela constrói uma *marca* e, quando essa marca conquista seus clientes, ela vende mais do que a sua satisfação: oferece todos os seus valores, visão e missão juntos.

Mas o foco no cliente não se resume ao bom produto ou serviço, uma marca de credibilidade e confiança. É algo muito maior, é, na verdade, o que está por trás do que se comprou, é o tratamento ao cliente, que torna esse elo muito mais estreito e provoca no consumidor o "elo afetivo" (começamos a nos lembrar da qualidade comportamental). É como uma mágica invisível: você cativou, despertou lembranças ou gerou algo novo e agradável e, com isso, o cliente vai ter sua marca como referencial.

Então, por trás de uma marca (produto ou serviço), está um elo de contato, atendimento bom e carismático, ser bem tratado, o serviço personalizado, o cadastro de fidelidade que traz vantagens e oferece alguns bônus exclusivos. Em outras palavras, fazer de um cliente um parceiro, alguém que pensa na sua marca como referência, indica aos amigos e não olha o concorrente, porque está muito satisfeito com a sua escolha.

Isso é conquistar o seu cliente! Tê-lo satisfeito com a qualidade técnica e com a qualidade comportamental é o sonho de toda marca, mas também de todo consumidor. Conquiste, encante, seja gentil, coloque-se no lugar de seu cliente, pense como ele, surpreenda, ofereça sempre mais. Afinal, por que pensar em qualidade senão por essas pessoas que confiam tanto em você que depositam o seu dinheiro e suas expectativas em você? Logo, sua majestade: os seus consumidores.

Mas problemas sempre podem ocorrer. Até quando cuidamos de tudo, estamos sempre expostos a fatores externos e internos que, mesmo com todos os protocolos de qualidade, podem fugir ao domínio. Então, com um erro eu perco tudo, meus clientes me abandonam? NÃO!

Uma empresa constrói uma marca (não um produto ou serviço). Quando há um incidente com algum cliente que possa gerar um desconforto com a marca, é o descolamento, o fim daquele relacionamento construído ao longo do tempo?

Errado: aí entra fortemente a qualidade comportamental, como a marca vai lidar com esse problema. Sempre podem ocorrer equívocos, então, a ação imediata é ouvir e corrigir de maneira a não prejudicar ou magoar a pessoa, tentando contornar e ressarci-la do dano financeiro e afetivo. A decepção de não ser atendido é ruim, acho que todos já passaram por esse sentimento – às vezes, não é o dinheiro que queremos, mas realmente o objeto ou o serviço naquela data.

A coisa começa mais ou menos assim: a primeira ação quando temos um problema com a marca é buscar a solução com a própria empresa, normalmente acionando o SAC (serviço de atendimento ao consumidor) ou algo semelhante, e aqui a qualidade comportamental da empresa precisa ser forte e focar totalmente o cliente. Precisamos ouvir, entender a dificuldade que ocorreu e fazer o possível para reconstruir a expectativa do início, poder voltar no tempo não só resolvendo o contratempo, mas recompensando-o de alguma maneira e evidenciando a alegria por tê-lo como cliente e por sua opção pela sua marca.

Reparou como os lados da qualidade podem ser usados e somados a todo momento? Mesmo com problemas, quando se age com qualidade, podemos salvar nossos clientes e ainda deixá-los mais próximos de nós. Um cliente satisfeito é um amigo fiel!

Vou contar uma experiência que tive com uma marca de cosméticos, da qual eu já era cliente, que me tratou tão bem que fiquei ainda mais fiel e passei a indicar com o maior prazer para amigos; hoje, minha filha usa vários produtos de lá porque confio que seja o melhor para sua pele de criança. Tinha tudo para dar errado, mas a qualidade comportamental deles reverteu a situação, pois me trataram tão cordialmente que no final fiquei até com vergonha de tanto agrado. Já sou cliente há mais de 25 anos, e estou muito satisfeita! Sei que, se acontecer algum imprevisto, serei gentilmente atendida.

Eu usava uma marca de desodorante há alguns dias quando, no final de um dia, minha blusa tinha manchas bem abaixo das axilas; achei estranho e logo pensei no produto. Apliquei-o em outra parte da blusa que minha transpiração não afetaria. E, de fato, o produto manchou a outra parte da blusa. Ou, seja, tive aquele primeiro sentimento de insatisfação quando a compra não é o que se espera. O que fiz? Exatamente o que se espera do consumidor: liguei para o serviço de atendimento para reclamar/resolver.

Aí entra o foco no cliente. O que você acha que aconteceu? Pois é, tive um atendimento VIP. Uma pessoa muito gentil me atendeu, pediu que eu relatasse o meu problema e registrou meus dados. Ao final falou que em dois dias alguém entraria em contato para me dar a solução. Desliguei e pensei: pronto, agora vão me esquecer, fui ignorada por uma marca que achava boa. Pensei no meu prejuízo e ali começou o meu processo de decepção com a marca.

Mas, para minha surpresa, me ligaram em dois dias e fui instruída a procurar a loja mais próxima para trocar o produto na loja – e me ofereceram também o valor da blusa em produtos. Como não aceitei o pagamento da blusa, pois não era nova e eu não saberia colocar um preço, fui bonificada com um vale-compras no valor que a empresa quis me dar, e confesso que pagou duas blusas como a que perdi. Depois de meses, ainda me ligavam perguntando se me senti bem atendida e se o problema fora resolvido da maneira que eu desejava.

Perceberam que o que era o afastamento virou amor eterno? Estou aqui lembrando do fato quase dez anos depois, tenho o cartão-fidelidade e dou sugestões de novos produtos e fragrâncias. Veja o que um foco no consumidor pode fazer.

O que externei para vocês com a minha declaração de cliente satisfeita é que a fidelização de um consumidor é fazer com que ele veja que importa, que não é um número no balanço financeiro, mas um parceiro. O cliente deve ser bem tratado, cativado e ficar satisfeito não só quando tudo estiver certo, mas também, e principalmente, quando ocorrer algum problema.

Coloque uma coisa muito importante nas suas metas: o foco no seu cliente é um grande degrau que você subirá quando perceber que eles são os sócios mais fiéis de sua empresa. Nenhuma marca, por mais bem cotada que seja no mercado, sobrevive sem dar alto grau de importância aos seus consumidores, respeitando a pessoa que confiou nela para depositar seu dinheiro e suas expectativas. Essa pessoa merece no mínimo, respeito, gentileza e muito mimo. Todo bom sentimento que dedicamos ao nosso cliente é o nosso melhor retorno em marketing: um cliente fala com o outro, procura outros produtos da sua cartela de opções e sabe que, se precisar de ajuda, a marca não o deixará sozinho. Isso significa conquistar a sua confiança, ou seja, o princípio da amizade.

Em um mundo tão competitivo, faça diferente, tenha clientes satisfeitos, amigos e com boas lembranças da sua marca. E, mesmo se acontecer algo imprevisto, contorne com gentileza e de forma agradável e generosa, de maneira que tudo será resolvido e sobrará uma memória boa. Você pode me questionar dizendo que gentileza, delicadeza etc. não são palavras de um livro clássico de qualidade. Então, vou responder: tudo isso é outra forma de dizer "foco no cliente". Lembre que somos seres humanos e adoramos ser mimados! Torne seu atendimento um laço estreito, um relacionamento, um convívio leve e acolhedor e, como o dono da confeitaria diria: "Não importa se toma um café ou compra um bolo de casamento, todos são clientes".

A mágica é transformar o tradicional, o simples, o comum, em um ato alegre e agradável em que a satisfação e a vontade de repetir a ação sejam almejadas. Como isso acontece? FOCO NO SEU CLIENTE.

> Sou professora e tenho foco diário nos meus clientes; nesse caso, meus alunos. Preparo sempre as aulas durante a semana (mesmo aquelas que dou há 15 anos), levo novidades quase que semanalmente (carrego muitas coisas físicas para a sala de aula, como exemplos de mercado) e estudo para aprimorar meu lado técnico frequentemente. No meu lado comportamental, tento escutar e atender meus alunos sempre que me procuram, e tratá-los de forma gentil e acolhedora; começo na hora correta minhas aulas, das quais eles devem sair satisfeitos e sem dúvidas. Procuro mostrar ainda a motivação e o prazer de poder estar ali com eles fazendo uma coisa pela qual sou apaixonada. Não é nenhum favor, é o meu trabalho, e sigo tentando subir um pouco a cada dia o projeto dos degraus da qualidade de ensino.

CAPÍTULO 6

TREINAMENTO

- Para que serve isso?
- Que perda de tempo!
- Já contrato funcionários treinados.
- Faço um bate-papo e tudo bem.

Se você pensa assim sobre treinamento, pare tudo e responda ao quiz a seguir:

1) Quando você entra em uma loja de produtos ou serviços e acaba saindo insatisfeito, o que você pensa:

a) Loja péssima, não volto mais.

b) Coitado do dono, tem péssimos funcionários.

c) Coitados dos funcionários, têm um péssimo chefe, não dá treinamento para eles.

Qual você escolheu? Claro, você pode até pensar nas respostas "A" ou "B", mas, por trás do problema, a resposta é a letra "C". Um dos maiores erros que um administrador pode cometer é NÃO TREINAR CORRETAMENTE

OS SEUS FUNCIONÁRIOS. Isso é a base da padronização e postura nos negócios.

O treinamento não deve sufocar a personalidade de um colaborador ou obrigá-lo a ser igual a todos, de maneira nenhuma! O treinamento mostra os valores, missão, visão e objetivos da empresa. Ou seja, como aquele lugar onde ele passará a trabalhar ou trabalha enxerga os padrões de vida em comunidade sob vários ângulos: social, ético, ecológico, quem é o público-alvo etc. Imagine uma empresa que não passa isso para os funcionários. Além de não gerar uma identidade e deixar a responsabilidade por conta de cada colaborador, ela não coloca seu ponto de vista e, assim, não podem caminhar juntos para o objetivo da qualidade.

A equipe é como uma orquestra: o maestro (chefe) afina, alinha e harmoniza cada instrumento, mas mantém a particularidade de cada um, ajuda a trabalhar os pontos positivos e negativos e até a descobrir alguns diferentes tons. O resultado de um bom treinamento é que, na hora certa, a orquestra entra em cena com um som maravilhoso e um conjunto altamente concordante.

Ao contrário de condicionar um funcionário, o treinamento pode perceber habilidades específicas e talentos muito peculiares (lembre-se do dom) que acabam somando e contribuindo em diversas áreas distintas do escopo inicial.

A ausência de treinamento ou um treinamento ruim tornam a indústria ou o estabelecimento comercial responsável pelos problemas, porque o funcionário vai agir de acordo com o que imagina que é correto e pode cometer erros que não serão culpa dele. Grandes ou pequenas indústrias precisam ter claro o seu plano de treinamento e frequentemente adicionar uma palestra ou uma atividade de reciclagem de treinamento na sua rotina.

O treinamento é um bom momento para trabalhar a motivação, a comunicação e a habilidade específica de um colaborador. Para cada tipo de meta, temos exemplos de treinamentos, mas, independente da área, a condução do propósito sempre é necessária.

Diversas empresas que atingiram um grau de excelência em qualidade prezam incansavelmente pelo seus treinamentos, priorizam massivamente a satisfação dos clientes e apresentam aos seus funcionários essa prioridade no cliente, a necessidade de atender e cativar aquele que pode ser o sucesso ou a falência do negócio, a máxima "o cliente tem sempre razão" – ou seja, a visão clara da empresa. E, aqui, percebam como a clareza sobre esse foco precisa ser expressamente explicitada e trabalhada nos funcionários durante o treinamento.

Um lado muito interessante e peculiar do treinamento, raramente falado, mas muito importante, é "envolver o funcionário". Como assim? Se durante o processo o seu funcionário se identifica com a postura e os valores da empresa, você tem um amigo. É sobre aquilo que falamos de "vestir a camisa da empresa": pessoas que entenderam a visão da empresa e a levam para o dia a dia do trabalho, empenham-se para cumprir o treinamento e as metas, porque realmente acreditam no objetivo final. Esse é o sonho de toda equipe.

Terminei o parágrafo anterior com uma palavra importante e que vale destacar: EQUIPE. Outro ponto importante do treinamento é que ninguém, por mais inteligente, mais competente, mais versátil que seja, pode atingir o sucesso de uma meta sozinho. Essa colaboração mútua é uma equipe, e durante o treinamento um bom gestor sabe passar isso também. Todos precisamos uns dos outros (sob vários pontos de vista: emocional, financeiro, motivacional, afetivo etc.), um ser humano sozinho é como um barco no meio do mar revolto: pode perder o rumo e naufragar.

Por isso, o treinamento traz essa visão de equipe: eu preciso do outro e o outro precisa de mim, não existe cargo mais ou menos importante, e se hoje ajudo alguém, amanhã alguém me ajudará. No passado, havia empresas que não pregavam a união, pois achavam que a competitividade era produtiva, mas tiveram sérios problemas, inclusive envolvendo doenças de funcionários. Hoje o encantamento do funcionário, fazê-lo se sentir bem e somar ao conjunto torna o ambiente mais saudável e agradável para todos, e isso, sim, é produtivo. Ter como objetivo a valorização das pessoas também é qualidade.

Durante um treinamento, também ficam claras as diretrizes técnicas e comportamentais da empresa, assim o funcionário sabe como e quando pode tomar algumas decisões, como colocar-se para sugerir algo e propor (se não estiver satisfeito em seu cargo ou departamento, por exemplo) sua recolocação para uma posição mais adequada à sua formação ou habilidade pessoal.

Uma coisa que vale deixar clara aqui é sobre a linguagem do treinamento. Não se esqueça de falar com os seus colaboradores da maneira mais clara possível, para que eles entendam, e não poupe esforços para explicar individualmente o papel de cada um: anote, cole na parede as funções ou procedimentos.

Em indústrias com uma visão muito focada no cliente, o treinamento precisa abordar a função dos funcionários em agradar e saber como lidar com as diversas situações do dia a dia, e até evidenciar a autonomia que eles podem ter para mediar eventos imprevisíveis.

Uma abordagem também de destaque no treinamento é apresentar os problemas normais ou já vividos até aquele momento e apontar as soluções para resolvê-los da melhor maneira possível. Assim, podemos, em um momento de calma e sem conflito, traçar soluções preventivas para quando for necessário tomar decisões delicadas e inesperadas.

O cuidado nesse momento de problemas deve ser abordado segundo o que construímos como valores de negócio. Se eu achar que, por exemplo, um cliente deve pagar por algo que quebrou na loja, assim instruo o funcionário; mas se, ao contrário, a minha visão de empresário for cativar o cliente, assumir o prejuízo e pensar no futuro dessa relação de amizade, preciso treinar o funcionário para contornar a situação e convencer o consumidor de que aquilo será resolvido sem ônus para ele. Percebam que são posturas distintas e que, para o seu colaborador, isso deve ficar explícito no treinamento. Você não pode deixar que ele tome a decisão que acha melhor no momento do problema. Lembre sempre que qualidade é a sua marca, e a sua visão de negócios precisa ser assimilada por todos que trabalham nela.

Uma hora também decisiva e muita trabalhada na preparação do funcionário é a abordagem inicial em uma venda ou negócio. Se a primeira impressão é a que fica, ela precisa ser um cartão de visita cortês.

Mais uma vez, vou apresentar duas situações, e você, com sinceridade, aponte a sua preferência:

I) Você entra em um estabelecimento (para fazer um negócio ou comprar um serviço) e é muito bem recebido, uma pessoa muito agradável e discreta procura orientá-lo e ajudá-lo no que precisa, propõe opções de produtos, explica e acrescenta coisas que você não sabe sobre cada um, expõe também a visão da empresa sobre o meio ambiente (preocupações com lixo, desmatamentos, materiais reciclados etc.), explica sobre a política de garantias da marca ou ainda sobre programas de fidelidade e benefícios. Lembrando que, hoje, não pensamos em vendas, mas em uma rede de relacionamentos. Então, você sai muito satisfeito com o atendimento, volta muitas vezes e indica para outras pessoas com uma referência de atendimento.

II) Agora, ao contrário, você entra em um estabelecimento comercial e a pessoa que se dirige a você o cumprimenta e não tira mais os olhos do celular. Você pergunta algo ou quer esclarecer uma dúvida, e simplesmente ela diz que vai se informar e some. Depois de 15 minutos, você desiste da compra ou do serviço e vai embora.

Entendeu a diferença? Claro, estamos no capítulo do treinamento, portanto, o motivo para isso só pode ser ele. Mas vou além: o chefe/gestor que não treina seus funcionários é como um técnico de futebol que coloca sua equipe em um campeonato sem praticar. Vai dar errado e, infelizmente, a culpa vai ser atribuída aos jogadores, que não são culpados – sem treinar, conhecer suas posições e as jogadas dos companheiros, não se pode ter sucesso, mesmo sendo um excelente artilheiro.

Cada pessoa tem sua vida, suas histórias, faz as coisas de maneiras diferentes. Isso nos torna únicos, o que é ótimo, pois a diversidade torna tudo mais alegre e pode ser muito enriquecedora no trato com nossos clientes. Mas quando pensamos em um negócio, é preciso pegar os dons naturais e traçar um caminho de convergência com os valores e objetivos finais.

Isso é o treinamento: ele ensina à equipe o caminho em comum, aonde a empresa quer chegar e a sua importância nessa jornada. Ajuda a tornar prática a meta traçada, definir o que fazer, como e onde.

Não existe uma personalidade ideal, todas têm seu lugar no conjunto, desde os comunicativos até os tímidos e centrados. É como no futebol: não vivemos só de atacante, todas as posições têm um papel fundamental na vitória. O importante é colocar a pessoa certa no lugar certo, e que cada indivíduo ocupando um lugar se sinta feliz, motivado. Aqui, destaco novamente a qualidade comportamental. Cada atitude vai contribuir para o ambiente agradável e harmônico, como os instrumentos da nossa orquestra já citada.

Assim como as pessoas, as empresas também são diferentes, com perfis de clientes, metas e objetivos mais ou menos conservadores. Assim, precisamos conhecer e saber se nos identificamos ou não com esses parâmetros, receber as informações e entender nosso papel, interpretar os valores e saber ler os indicadores mensuráveis. Saber convergir a postura da empresa com a nossa.

Quando, depois de você planejar suas metas, seus funcionários tomam ciência delas, contribuem nas discussões e são treinados na realização dos procedimentos, erros podem ser corrigidos dentro dos protocolos e novos problemas podem ser trabalhados em grupo. Todos andam para a mesma direção e as metas podem ser construídas.

Toda vez que vamos a um novo lugar, é importante ter a localização, alguns pontos de referência e dicas de ruas conhecidas, e o resto vemos quando chegar lá. Assim é também o treinamento: a empresa passa o endereço, as referências, mas o funcionário usa seu dom e se adapta na hora do atendimento. Sem apagar a sua personalidade, ele usa seu dom natural quando chegar a hora.

O procedimento, o uso de uniforme e a qualidade técnica são fáceis de passar no treinamento. Mas não vamos esquecer que hoje a qualidade comportamental faz muita diferença no trato com as pessoas, de companheiros de equipe a clientes. Não adianta ser o melhor jogador do mundo se acho que a bola é só minha; saber olhar para cada um, reconhecer seus dons e como podemos somar é também uma rica visão que pode ser passada durante o treinamento. Precisamos ser muito atenciosos com essa parte de nossa qualidade comportamental, conhecendo a nós mesmos e aos outros.

CAPÍTULO 7

COLETA DE DADOS ✕ INFORMAÇÕES ✕ INDICADORES

Caminhando com a qualidade, precisamos constantemente rever os planejamentos, analisar decisões, tomar outros rumos ou fazer mudanças. Claro que não tiro nada da minha cabeça ou tento fazer algo sem ter certeza de que dará certo. Tudo é pensado e replanejado com base em dados, informações e indicadores. Nenhuma decisão pode ser tomada usando o verbo "achar" – precisamos de indicadores.

O que são indicadores? Indicadores são instrumentos quantitativos ou qualitativos que geram informações que expressam o andamento do objetivo ao longo do tempo. Quando pensamos nos objetivos, traçamos as estratégias e as metas quantificáveis, o que podemos mensurar; por isso, conseguimos acompanhar o desempenho por meio dos indicadores e avaliar se estamos alcançando satisfatoriamente o desejado. Eles podem mostrar o meu progresso ou a necessidade de redirecionar metas. Como exemplo, podemos listar alguns tipos de indicadores de desempenho de processos (produtividade, qualidade etc.); indicadores financeiros, sociais, ambientais etc.

Mas o que ter como base? Qual o parâmetro para pensar na minha ação efetiva? Como definir o que é emergencial? Como avaliar se seu crescimento está positivo ou negativo?

Tudo começa com os dados: tudo precisa vir de fontes sólidas e de fatos (coletados *in loco*). Esses dados são armazenados de forma bruta, não fornecem ainda base para tomada de decisões.

A informação é uma instância intermediária, quando já começamos a tratar os dados coletados e avaliar, por exemplo, a soma de determinados dados por um espaço de tempo, gerando um instrumento de comparação.

Por fim, temos os indicadores, que procuram estabelecer medidas por meio de relações. Isso que possibilita expressar coisas como taxas, proporções, índices etc., tornando mais evidente a percepção do desempenho.

O que chamamos de dados, informações e indicadores são frutos das minhas entradas qualitativas ou quantitativas. Alguns já trazem compilações ou tratos matemáticos que podem ajudar a tomar as decisões ou discutir as metas.

Para tudo funcionar e ser fidedigno à minha realidade, preciso ter no dia a dia uma maneira confiável e correta de coletar os dados. Um grande volume de dados por dia pode se perder ou ser registrado erroneamente na falta de tempo e na necessidade de outras atividades.

Como já conversamos em vários tópicos anteriores, tudo o que parece grande e complexo pode ser desmembrado e trabalhado de maneira simples. Pequenas atitudes diárias incorporadas na rotina tornam-se comuns e são realizadas com naturalidade.

Então, por onde começar? Analiso a minha meta e destaco onde estão sendo gerados os dados numéricos de relevância, onde, dia a dia ou mês a mês, preciso monitorar a coleta. E, nesse ponto determinado no planejamento, começo a coletar os dados.

Mas não coleto de maneira pessoal ou como achar legal. Vou padronizar uma tabela de coleta (também chamada de folha de verificação[2] ou coleta de dados). Para construir minha folha de verificação, vou definir o meu universo de coleta, meu tempo, os parâmetros que desejo, tudo que direcione o coletor na hora da tomada do dado. Ela deve ser simples e direta, deixando clara a tomada do dado com unidade e especificidades, ser de fácil preenchimento e pronta para ser usada como ferramenta de observação. Repare que, quanto mais per-

---

2. A folha de coleta de dados ou folha de verificação, conjunto reunido por Kaoru Ishikawa no Japão, um importante instrumento para coleta de dados, uma ferramenta da qualidade.

sonalizada minha coleta, mais dados terei para trabalhar nas etapas seguintes.

Posso criar essa folha de verificação para todos os tipos de metas da minha vida pessoal e profissional. Um exemplo é o meu balanço financeiro, inserindo os dados semanal ou mensalmente. Dessa forma, acompanho os objetivos, seja a meta guardar dinheiro para uma obra ou abrir meu negócio, por exemplo.

Repare que, dos dados coletados, posso tirar várias informações e, claro, indicadores para analisar a melhora ou piora do meu objetivo.

No capítulo de planejamento, contei sobre meus indicadores pessoais (carinha feliz, corações), mas eles são só a representação pessoal de indicadores tirados de dados reais em que dou um toque de humor para tornar mais simpáticos meus números. Você também pode fazer seus indicadores reais e, se gostar de usar o bom humor no seu dia a dia, criar sua codificação para a conclusão de um indicador positivo ou negativo.

Mas é importante dizer também que posso coletar dados qualitativos, com escalas faciais (satisfação de consumidores), ou até dados de pesquisa de mercado. Se você trabalha com crianças, por exemplo, vale usar questionários ou cores; elas entendem bem a ideia de gostar ou não de um produto segundo as cores do sinal de trânsito. Seja criativo, observe como coletar seus dados e como montar sua folha de coleta de dados para tirar dela o máximo de informações e indicadores para diversos caminhos das suas metas.

No caso de precisar fazer um balanço, realizar mudanças ou mesmo cortes, seus indicadores sempre estarão ao seu lado, mostrando problemas e soluções, épocas mais ou menos produtivas, dificuldades com o andamento da qualidade (aumento de não conformidades) e o seu desempenho financeiro.

Nos momentos de crise ou de acontecimentos inesperados (como a pandemia de 2020), ter seus indicadores atualizados e todos os seus pontos de vulnerabilidade mapeados com certeza fará a diferença na sobrevivência de empresas e sonhos. Quem conhece seus indicadores consegue redefinir seu rumo em momentos de adversidade, estudar os excessos e saber as brechas existentes no panorama para criar alternativas.

Importante também é manter os indicadores das suas reservas financeiras, não descuidar do controle de estoques e produtos e nunca se esquecer de criar mecanismos de reposição caso precise lançar mão desse recurso em algum momento. Não seja pego de surpresa, mantenha seus indicadores atualizados e suas reservas em alta.

A maneira didática para não se perder com tantos dados, informações e indicadores é usar tabelas e gráficos (colunas, linhas, pizza, barras etc.) para monitorar tudo, usando cores fortes para chamar atenção dos indicadores ruins.

Como os dados são constantemente coletados e os indicadores, atualizados, a comparação do presente com o passado é importante e esclarecedora em tomadas de decisões. Torna-se importante estudar o que os números querem dizer e compará-los com os anteriores. Os resultados obtidos podem ser positivos, mesmo que menores, porque um estudo de situação de mercado e economia do país pode ser relevante quando se analisa o período em que foram coletados os dados. O contrário também é verídico, podemos ter indicadores crescentes mais inferiores ao esperado num momento econômico ascendente. Por isso, a avaliação dos seus indicadores frente aos fatores externos ao seu planejamento também complementa a realidade dos números.

Não pense somente em gerar seus indicadores e concluir que estão positivos ou negativos. Eles falam muito sobre a sua trajetória, podem indicar tendências, épocas do ano de ascensão ou queda, sazonalidade de preferência ou necessidade de investimentos em campos específicos. Monte reuniões, converse, abra seus números para a sua equipe e procure falar e ouvir a opinião de todos na interpretação dos indicadores. Além de uma visão atual, eles podem prenunciar o que está por vir ou ajudar a consertar erros que levam a problemas constantes ou futuros.

Um exemplo são empresas que aplicam indicadores no serviço de atendimento ao consumidor e fazem um trabalho de melhorias e atenção aos clientes e conseguem não só melhoras nos produtos, mas claro reduzir a quantidade de reclamações e aumentar muito as vendas.

Transforme os dados da sua vida ou empresa em informações, e informações em indicadores, e trabalhe na interpretação dos seus indicadores. Crie o hábito do balanço e da reflexão em cima da interpretação e descubra como metas baseadas em situações reais são mais úteis, realistas e condizem com a realidade do país e da sua equipe. Essas avaliações podem mudar todo o seu planejamento, mas para melhor.

Não esqueça de chamar sempre reuniões e expor para sua equipe/família os seus indicadores. Sejam eles bons ou ruins, todos precisam saber e caminhar para melhorar, se não atingiram os objetivos. Se, pelo contrário, tudo melhorou, todos merecem elogios e ganhar um mimo se os indicadores desejados forem atingidos ou, melhor ainda, ultrapassados. Cative também as pessoas da sua equipe, crie o hábito do reconhecimento de bons indicadores.

CAPÍTULO 8
MELHORIAS CONTÍNUAS

Todos conhecem a história do casal que resolve trocar o sofá da sala e então descobrem que, com o sofá novo, é necessário trocar também as cortinas, que já estão rasgadas. Quando colocam as cortinas novas com o lindo sofá, o tapete contrasta, porque é um lixo de pelos. Lá vão eles comprar um tapete. Depois pintam as paredes, trocam os enfeites, os lustres, a mesa, a estante etc. Quando param para analisar, mudaram tudo da casa.

Isso é um fato da vida real e tem um nome: melhoria contínua. Quando começamos a decidir melhorar, na vida pessoal ou profissional, percebemos os benefícios e o bem-estar da mudança e queremos sempre mais. Isso vale para nossa casa, nossos sonhos, nossos conhecimentos, melhoras de um processo, redução de desperdícios, tudo. Os resultados positivos são as melhores motivações para nossa vontade de superar as dificuldades.

Então, é uma coisa boa pensar em melhorar e está totalmente em sintonia com a nossa caminhada na direção da qualidade. Como fazer isso da melhor maneira?

Com planejamento, é claro. No segundo capítulo deste livro, conversamos sobre a importância de traçar as metas e planejar-se para executá-las. O planejamento é o ato mais importante na teoria, mas é necessário levar isso para a prática. Ver se vai funcionar e corrigir os erros, criando procedimentos padronizados.

Temos que trilhar muitas etapas para cada meta e determinar se foram cumpridas ou não, se algo foi útil numa época e não mais, e assim por diante. Repare que até as metas têm funções, problemas e algumas vezes validades de uso.

Mudanças contínuas são necessárias até que tudo fique como o planejado. Nem sempre tudo sai perfeito na primeira tentativa, é preciso corrigir pequenos/grandes problemas. Então podemos pensar em melhorias contínuas, executar em etapas, avaliar, melhorar e seguir novamente. A ideia é, cada vez que rever os resultados e não forem o esperado, fazer os ajustes necessários.

E se meus indicadores são positivos, como proceder para resolver as metas, traçar planos de ação, checar e tornar os procedimentos padronizados? Tudo parece confuso e complexo. Não se preocupe: mais uma vez, existem saídas na qualidade que podem ajudar no controle e nas melhorias contínuas.

Uma delas é o Ciclo PDCA[3] – a ideia de usar o ciclo é a mesma simplicidade com a qual já trabalhamos: escolher a meta, ver os problemas, planejar as etapas para melhoras, verificar se foi satisfatório e tornar a meta um procedimento padronizado na sua empresa/vida. A ideia é a melhoria contínua com as mudanças necessárias a cada aplicação do ciclo.

O ciclo PDCA tem esse nome em função das iniciais de cada etapa propostas na execução do método: P (*plan* – planejar); D (*do* – fazer); C (*check* – verificar) e A (*act* – agir). E a referência a um ciclo é que as letras são arrumadas indicando uma continuidade, ou seja, a ideia da melhoria contínua.

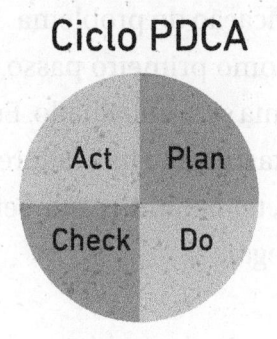

Ciclo PDCA

Act	Plan
Check	Do

---

3. O Ciclo PDCA foi criado na década de 1920, por Walter Andrew Shewhart (Ciclo de Shewhart), um físico norte-americano. Posteriormente foi aperfeiçoado e disseminado por William Edward Deming – por isso, também é conhecido como Ciclo de Deming.

É possível organizar em etapas bem simples e claras coisas que fazemos naturalmente. Podemos utilizar o PDCA para planejamento de processos, melhoramentos operacionais, melhoramento das economias anuais etc. Essa simplicidade e a ideia de poder ir melhorando passo a passo (ciclo a ciclo) tornam o PDCA um destaque na busca pela qualidade.

Para ajudar na execução do método, podemos ainda dividir as quatro etapas em oito passos, tornando mais didático e fácil de entender e definindo claramente o objeto e a função de cada etapa.

1) *PLAN* – PLANEJAR

Passo 1: Identificação do problema
O importante como primeiro passo é definir claramente qual problema será trabalhado. Então, é necessário observar as metas, datas e indicadores, ter uma visão clara do problema, ter definido o que seria o desejado e onde se espera chegar.

Passo 2: Observação do problema
O segundo passo será observar e listar tudo o que está envolvido naquele problema e levando ao seu agravamento, analisando a quantidade de ocorrência e o tempo da sua perturbação no sistema. Pense no que mais pode também prejudicar o andamento da etapa.

Passo 3: Análise do problema

Neste momento, é preciso desmembrar todas as etapas do processo (olhar o fluxograma) e verificar as causas que estão levando ao(s) problema(s) listado(s) anteriormente. Podemos usar como grande apoio ferramentas da qualidade; a mais indicada para essa busca de respostas é o Diagrama de Causa e Efeito ou Diagrama de Ishikawa.[4]

O Diagrama de Ishikawa é uma ferramenta da qualidade que ajuda na investigação das causas que estão levando ao problema maior (ou efeito). É possível dividir as causas em categorias e, ainda, subdividir as categorias em subcausas. Assim, a busca por respostas e soluções se torna mais específica.

2) *DO* – FAZER

Passo 4: Plano de ação

Depois de identificadas as causas do problema, é preciso traçar o plano de ação para resolvê-las. O que se deseja neste passo é retomar as metas traçadas no plano inicial. Então, é necessário listar as etapas de atuação nas causas e como serão realizadas para retomar o cenário

---

4. O Diagrama de Ishikawa, Diagrama de Causa e Efeito ou Espinha de Peixe foi criado pelo engenheiro japonês Kaoru Ishikawa e tem como objetivo representar a relação entre um "efeito" e suas possíveis "causas". (Ishikaha, Kaoru. **Introduction to Quality Control.** Nova York: Springer, 1989.)

desejado no início. É importante definir em que área cada um vai atuar, o que cada equipe/pessoa deve fazer e em qual espaço de tempo poderá aplicar o planejado.

Passo 5: Execução do plano

O primeiro ato da execução será treinar seus funcionários com as mudanças panejadas no passo 4. Todos devem conhecer e estar seguros com as mudanças, nenhuma dúvida deverá persistir, porque esta é a etapa prática, e a segurança das novas ações ajuda no sucesso das mudanças. Então, após o treinamento, vem a parte de levar para a vida real, colocar tudo para funcionar com as melhorias implantadas.

3) *CHECK* – VERIFICAR

Passo 6: Verificação dos resultados

Este é o momento de verificar como as mudanças estão indo na prática, se todas estão dando certo, se os colaboradores estão conseguindo fazer a sua parte e se os resultados obtidos são os esperados. Checar na lista do plano de ação se foi concretizado o que era esperado. Podem ser usados gráficos ou planilhas para analisar a melhora ou o sucesso total dos planos. Aqui, também é importante definir os maiores problemas encontrados.

4) ACT – AGIR

Passo 7: Padronização

Neste passo, já é possível definir o que deu certo, criar métodos padronizados e torná-los definitivos, garantindo que serão continuados e contribuirão para resolver uma parte do problema, torná-los parte da rotina de operação. Por outro lado, também é necessário nomear o que não atingiu o esperado, destacar os erros ou as possíveis falhas.

Passo 8: Conclusão e apresentação de resultados

Com os indicadores obtidos, o aprendizado adquirido com os novos ou velhos problemas, tudo será revisto, repensado, e balanços serão feitos para, como já foi dito, novamente voltar ao planejamento, ou ao *plan* (P) do ciclo. Com a experiência adquirida voltaremos a rodar todos os passos, consertando as causas e realizando mudanças, sempre melhorando e crescendo na qualidade com o aprendizado adquirido.

Com todo o aprendizado e almejando melhorias, não podemos esquecer que, a cada aplicação do ciclo ou de outras ferramentas e metodologias de qualidade, tornamos as metas mais factíveis de serem alcançadas, motivamos e melhoramos a vida de colaboradores e podemos economizar recursos e matérias-primas para ajudar o nosso planeta. Nunca ache que tudo está bom e perfeito; deseje as estrelas.

Assim, continuamente as melhorias vão sendo aplicadas e os problemas, resolvidos. Mas lembre: cada vez que resolvemos uma barreira, outras surgem; isso é a melhoria contínua, e é exatamente o que se espera quando queremos caminhar rumo à qualidade. Cada vez que chegamos ao final de um ciclo, já pensamos em outros, e cada vez mais vemos as melhorias nas metas e, consequentemente, nos resultados. Essa é a ideia do método PDCA e de muitas outras ferramentas e técnicas empregadas na prática para chegar à qualidade. Então vou convidá-lo a começar agora: vamos trocar o sofá?

CAPÍTULO 9

ORGANIZAÇÃO

Você consegue imaginar uma casa, uma empresa de produtos ou serviços ou mesmo um armário gerando bem-estar, produzindo pessoas satisfeitas ou atendendo a seus usuários com qualidade na total bagunça, num espaço pavoroso, sem começo ou fim, uma verdadeira desordem? Para piorar a visão do pavor, some a isso a dificuldade de limpeza e aquela frase comum de quem se acostuma a viver assim e não quer mudar: "Eu me acho na minha bagunça e sou feliz!".

Mais uma vez, qualidade engloba muitos detalhes, entre eles o ambiente, a padronização do dia a dia, da ordem das coisas etc. A organização é uma grande amiga da qualidade e importante para ajudar na rotina e na manutenção do funcionamento e da limpeza do ambiente, pilares mínimos que se espera para tudo funcionar bem e de modo harmonioso.

Até o planejamento no papel precisa seguir uma ordem aplicável, senão vira um grande pensamento confuso, em que não se veem a etapa presente e as próximas.

Preciso colocar as prioridades e as implicações financeiras de cada uma de maneira clara, e as projeções viáveis no tempo possível.

Não espere ser "grande" ou "rico" para pensar em organização – esse é um hábito que deve caminhar conosco desde muito cedo. É um treinamento comportamental. Mais uma vez, a organização é indispensável para qualquer atitude com qualidade. A organização de uma festa de família, a viagem dos sonhos, uma loja ou uma empresa manufatureira partem de uma ideia que, se for bem conduzida e ORGANIZADA, pode sair do teórico e se concretizar com sucesso.

O que pode fazer a diferença entre o planejamento e a execução de muitas metas é exatamente a motivação e a disciplina. E disciplina é um lado comportamental da organização. Precisamos juntar o comportamental com as condições harmoniosas do meio em que estamos e, assim, teremos bem-estar e tudo propício para dar os passos dos nossos planos. Agora, imagine o oposto: tudo está planejado, mas o ambiente à sua volta é o caos! A bagunça vai prejudicar seus planos e tirar o seu foco do trabalho inúmeras vezes. Imagine seus clientes entrando em um lugar desse; a impressão será um péssimo cartão de visitas.

Você pode até achar besteira, frescura ou um gasto desnecessário de tempo e dinheiro, mas a neurociência já comprovou que o cérebro "percebe", reconhece a organização e a arrumação; ou seja, o ambiente arrumado traz bem-estar para quem se encontra nele.

Cada ponto é importante quando se considera a atenção aos detalhes e almeja caminhar nas melhorias contínuas pois, você integra a própria visão de qualidade. O ambiente que você, sua equipe e seus clientes frequentam faz toda a diferença para que os dias sejam agradáveis e todos se sintam bem.

Seu ambiente muda com a sua caminhada, conta a sua história e mostra o cuidado que você tem em oferecer acolhimento e bem-estar a todos que por ali passarem. O que importa não são objetos caros ou obras de arte, e sim organização, limpeza e harmonia. Em resumo, construir um lugar em que as pessoas tenham vontade de ficar. Em que consigam sentir a sensação de bem-estar e, de alguma maneira, sejam cativadas e acolhidas.

Olhe constantemente a sua casa, sua empresa, sua loja etc.; tudo precisa ser organizado, agradável, limpo. O ambiente é a linguagem silenciosa de sua marca, de como você quer se expressar e de como você se preocupa com os detalhes, entre eles, acolher as pessoas que convivem ali.

Coloque-se no lugar de um convidado, entre no ambiente como um observador, anote tudo que percebeu de indesejado. Olhe com a visão crítica de um cliente externo e exigente. Pense se você gostaria de ser recebido naquele lugar. O cenário é ideal? Você voltaria? Agrada e atende ao que precisa? Pode melhorar? Em quê? O que tornaria o espaço mais acolhedor? Escute também amigos, funcionários e clientes.

Repare que tudo se soma: o lugar agradável e acolhedor, o atendimento dedicado e gentil aos clientes e, claro, a qualidade do produto ou serviço oferecido. O resultado é a mágica da satisfação, o prazer de voltar a um lugar cativante e de bons serviço/produtos. É assim que todos os lugares deveriam ser.

Não pense que apresentei toda essa ideia de organização e vou deixá-lo sozinho, largado no caos. Existe uma metodologia chamada 5S[5] que pode auxiliar na organização de espaços e é de fácil aplicação. Ela ajuda, de maneira simples, a melhorar a ordem e limpar os ambientes, e traz a harmonia com soluções fáceis e criativas.

A metodologia 5S tem esse nome porque baseia-se em cinco "sensos" (palavras que são as etapas a serem seguidas) que iniciam por "S" em japonês: *Seiri* (utilização), *Seiton* (ordenação), *Seiso* (limpeza), *Seiketsu* (saúde) e *Shitsuke* (disciplina/autodisciplina).

---

5. O programa 5S teve sua origem no Japão em 1950, após a Segunda Guerra Mundial, com o propósito de ajudar na recuperação e reorganização pós-guerra. No Brasil, começou a ser aplicado por volta de 1991.

As etapas devem ser seguidas exatamente na ordem, e só se caminha para a etapa seguinte quando forem cumpridas as metas da etapa atual. Quanto mais envolver a sua equipe e conscientizá-la da necessidade de colaboração de todos, mais motivadores e eficientes serão os resultados obtidos.

PRIMEIRA ETAPA: *SEIRI* **– SENSO DE UTILIZAÇÃO**

I) Objetivo: nesta etapa, é necessário retirar tudo que está no ambiente mas não é utilizado nem deveria ficar ali. Todos devem pensar no que realmente é útil e eliminar os supérfluos.

II) O que fazer: cada usuário daquele espaço deverá observar e planejar o que deve ser retirado e onde deverá colocar (um erro comum nessa etapa é deslocar os objetos e amontoar em outro lugar). As pessoas que diariamente estão ali são as indicadas para fazer a triagem e destinar para onde levar o que foi descartado.

III) Resultados esperados: um ambiente mais leve e fluido, com mais espaços livres, onde tudo que ficou realmente é útil e pertence àquele espaço. Objetos retirados devem ser encaminhados aos destinos corretos.

Após vencer os desafios e os dias de dedicação a esse senso, podemos passar para o seguinte.

SEGUNDA ETAPA: *SEITON* – SENSO DE ORDENAÇÃO

I) Objetivo: classificar o material que ficou por usos específicos e verificar a frequência de uso e o local onde a sua colocação pode ser mais funcional.

II) O que fazer: se tudo que sobrou no ambiente é útil, agrupe os objetos de uso e funcionalidade comuns, em caixas ou prateleiras com etiquetas. Coloque em lugares de fácil acesso e com um ordenamento necessário para o uso. Materiais de uso diário devem ser facilmente acessados e utensílios de usos eventuais devem ser armazenados em lugares mais altos ou de acesso mais difícil.

> Uma dica prática: se o lugar for multiuso, usar cores para separar as caixas ou as prateleiras por assunto pode ajudar. As cores também podem ser adotadas para separar os objetos das diferentes pessoas que usam um mesmo escritório, por exemplo. Se o espaço for um depósito de materiais, a dica é pintar no chão quadrados e, dentro deles, uma cruz; coloque uma letra em cada quadro e numere cada parte da cruz, assim você começa a criar o seu código de ordenação. Exemplo: matérias-primas ficam nos quarteirões A 1-4 e B 1-4. Produtos

> acabados, nos quarteirões C 1-4 e D 1-4. Simples e funcional.

III) Resultados esperados: cada objeto ganha o seu lugar e todas as pessoas que frequentam o ambiente tomam ciência da localização e de como devem usar e guardar as coisas ou, ainda, de como acessar e dar baixa ou adicionar objetos ao espaço. E, ao utilizar o espaço, sabem como retornar tudo em condições para que o próximo possa encontrar os itens no lugar certo.

Essa etapa vencida e todos com conhecimento dos novos lugares e comprometidos em fazer sua parte, vamos a próxima.

TERCEIRA ETAPA: *SEISO* – SENSO DE LIMPEZA

I) Objetivo: não existe um ambiente agradável que não seja limpo; a harmonia de um espaço inclui os procedimentos de higiene, e este é o objetivo do *seiso*: montar as etapas e procedimentos de limpeza.

II) O que fazer: crie os procedimentos de limpeza, descreva os produtos/equipamentos que devem ser usados, a frequência de limpeza de cada espaço e quem fica responsável por fazê-la em cada dia da semana. É importante deixar claro que todos precisam fazer sua parte: sujou, limpe; viu sujo, contribua e limpe também, não espere o dia da limpeza. Seus armários e gavetas são da sua responsabilidade. Deixe claro que um ambiente limpo faz bem para a nossa saúde.

> Uma dica prática: se houver uma cozinha coletiva no espaço, este é o lugar em que há mais dificuldade de se manter a limpeza. Procure deixar sempre à vista um limpador multiuso e um rolo de papel para absorver gordura. Colar cartazes de incentivo também ajuda a conscientizar os mais distraídos.

III) Resultados esperados: um lugar organizado e limpo, com procedimentos padronizados e catalogados para ficarem na rotina de trabalho.

Com a consciência de todos de que a limpeza é indispensável para o bem-estar coletivo e cada um precisa fazer a sua parte, vamos partir para o próximo "S".

QUARTA ETAPA: *SEIKETSU* – SENSO DE SAÚDE

I) Objetivo: tudo está limpo e organizado no ambiente. Mas nesse espaço também temos as pessoas, e esse

"S" propõe a atenção a elas, por meio da padronização de atitudes que possam assegurar a saúde física, mental e social.

II) O que fazer: observe os ambientes e as atividades funcionais, e mapeie o que e onde é possível melhorar para promover a saúde e a segurança de todos que trabalham no espaço. Equipamentos de segurança, roupas mais adaptadas, espaços claros e locais de descanso. Mapeie tudo para melhorar a vida diária dos colaboradores. Crie esquemas de rodízio e descanso em áreas de trabalhos mais estressantes. Reconheça o mérito das pessoas e faça um agrado merecido, pois isso melhora a motivação de todos.

> Uma dica prática: proponha caixas de sugestões ou reuniões para que as próprias pessoas digam como as coisas poderiam melhorar no dia a dia. Dê oportunidades em outras áreas para colaboradores que querem experimentar outras experiências.

III) Resultados esperados: a valorização do ser humano é muito importante, então, normas de segurança e a saúde de todos que estão no espaço são imprescindíveis para o bom trabalho e a dedicação a sua equipe e clientes.

Com o bem-estar, a saúde e a motivação em ordem, fechamos este "S". Tudo limpo, organizado e pessoas cuidadas, mas ainda não acabou... Acontece que, se não for monitorado, tudo pode sair de prumo. Então, por isso, vamos à tão importante última etapa.

QUINTA ETAPA: *SHITSUKE* **– SENSO DE AUTODISCIPLINA**

I) Objetivo: o último "S" nos convida a uma reflexão comportamental; esta etapa engloba o respeito às normas, a educação e as responsabilidades de cada um no coletivo.

II) O que fazer: promova o monitoramento dos espaços trabalhados, palestras constantes de conscientização particular, reuniões sobre como melhorar sempre e o que se pode mudar. Permita a construção da responsabilidade e disciplina individual. Trabalhe contra os maus hábitos. Mantenha atualizados os relatórios e indicadores de balanço.

III) Resultados esperados: quanto mais os benefícios são notados, mais as pessoas reconhecem os efeitos positivos e querem contribuir e melhorar mais. Com isso, todos saem motivados e com um ambiente agradável, de harmonia e bem-estar para todos.

Assim concluímos os cinco sensos e colhemos os frutos das melhoras da organização.

Um assunto que é preciso abordar é que nem sempre tudo dá certo de primeira; ou seja, as etapas podem falhar, ou podemos chegar ao final de tudo e desandar com o passar dos meses. Na verdade, é comum e muitos já vivenciaram diversas vezes esses problemas. O que fazer? Recomeçar; como já conversamos, retome a ideia, converse com os envolvidos e parta para a missão, contando com a experiência e as informações do que já passou.

Os benefícios de usar os 5S, além de um ambiente agradável, são:

1 – Aumentar a segurança: quanto menos excessos no ambiente, mais seguro e funcional ele será (menos acidentes de trabalho).

2 – Limpeza: com menos coisas e com ordenação é mais fácil limpar e manter limpo.

3 – Economia de gastos: com uma ordenação inteligente e com funcionalidade, não perdemos tempo procurando coisas e, se for uma linha de produção, até pode-se gerar menos gastos de utilitários, o que diminui desperdícios.

4 – Motivação de todos: sem dúvida, todos gostam de frequentar um espaço harmonioso; isso traz bem-estar

para aqueles que nele transitam e aumenta a vontade de manutenção e de mais melhorias contínuas (satisfação e motivação).

5 – Melhorias para a qualidade: com um ambiente ordenado e limpo, os produtos e serviços derivados desse espaço também melhoram, contribuindo para a satisfação do cliente.

Em resumo, esta é uma metodologia fácil e simples, que lhe ajuda a resolver seus problemas de ordenação, limpeza e motivação, acrescenta mais disciplina nos hábitos diários dos colaboradores e contribui e muito para sua busca pela qualidade. Convido-o hoje a começar a planejar em que área da sua vida pode ser aplicada a metodologia de 5S.

CAPÍTULO 10

BALANÇOS, MUDANÇAS E REALIZAÇÕES DOS PLANOS

Não existe caminhada sem paradas e reflexões. Tudo que construímos sempre tem pontos positivos e negativos, o que deve seguir e o que devemos mudar.

Em várias épocas do ano, em reuniões e até com nossos clientes, devemos propor questionários e formulários de sugestões ou de pontos positivos e negativos, pontos fracos e fortes. Conhecer e avaliar esse material é o começo do balanço.

Quanto mais dados se puder tirar dos questionários (indicadores), mais reflexões de acertos e erros, pontos de crescimentos ou necessidades de mudanças. Essa avaliação é importante, porque elimina apenas uma visão pessoal: há várias pessoas envolvidas, um balanço abrangente, colaboradores e clientes se complementam com visões diversas e interessados nas melhorias.

Hoje, tudo é mais fácil com a comunicação pela internet; fichas interativas e divertidas tornam tudo mais simples, e podemos até oferecer um agrado aos clientes que colaborarem.

Tudo pode ser no anonimato ou não. Fica a critério do dono, mas, independente disso, o incentivo à sinceridade é fundamental. E outra lição desses questionários é que ouvir o próximo traz revelações surpreendentes e fantásticas que levam a mudanças. As pessoas que estão ao seu lado (colaboradores e clientes) têm uma visão de outros ângulos que às vezes nem eram foco do projeto, mas que vão torná-lo ainda maior. Elas somam as sugestões às realidades das suas vidas, ou seja, da nossa sociedade.

Tudo que você imaginou e colocou muito esforço para realizar, pensando que seria o melhor, pode cair por terra ao ler as avaliações. Pode ser que ninguém tenha percebido o esforço ou você tenha até sido criticado. E, ao contrário, pode ser que aquilo que você desprezou e colocou na pauta só para encher espaço seja o preferido. Então, ouvir seus parceiros de tempos em tempos é a solução para as mudanças de rumo o quanto antes.

Isso também é uma dica para a família: sentar e ouvir sobre as questões coletivas da vida pode mudar tudo. Sempre gostei de fazer um bolinho no aniversário da minha filha e, como gosto de artesanato, me programo e todos os anos começo em janeiro a preparar cada enfeite e lembrança com o maior capricho para a festa em setembro, uma parte a cada mês. Começo pelo que é mais difícil para mim, que é trabalhar com tecido, e vou montando a festa. À medida que minha filha foi crescendo, passei a envolvê-la no planejamento. E qual não foi minha surpresa, ao ouvir minha "cliente", em perceber que o que ela queria era muito diferente do que o que achei que agradaria. Até as balas que começou a me pedir não eram as que eu colocava na sacolinha. Eu usava tudo que gostava quando criança, mas ela era de uma geração diferente, com mais opções, e gostava mais de ter brincadeiras do que de babados na mesa. Fiz um balanço e reinventei os meus enfeites.

Balanços são importantes exatamente para mudar a nossa opinião e fazer-nos entender que o tempo passa e modas trazem desejos diferentes. Precisamos ouvir o nosso público-alvo, até na família.

Se ainda estou estruturando meus planos e esboçando meu planejamento, um balanço importantíssimo é ouvir previamente meu público-alvo. Hoje posso fazer uma pesquisa nas redes sociais ou em sites de pesquisa. Nem sempre o meu melhor é o esperado pelo mercado.

Os indicadores dos balanços podem ser gráficos ou tabelas que revelam tendências durante o ano ou em determinados meses, ou ainda entre regiões consumidoras ou uma particularidade do produto, por exemplo, um sabor. Assim, posso ir mapeando a minha história durante a trajetória da marca.

Depois do resultado dos balanços estruturados com números, valores financeiros e sugestões, analisados e discutidos em equipe, o que fazer? Levar para o planejamento os melhores resultados. Planejar as mudanças que podem melhorar o desempenho.

Existe uma ferramenta chamada 5W2H[6] que, após as sugestões ou mudanças analisadas no balanço, pode ajudar a ver se é viável colocá-las em uso ou se é melhor esperar um pouco mais. Ela pode ajudar a tomar decisões ou tirar dúvidas sobre a importância e o custo de cada decisão. Em alguns casos, pode também ajudar a montar procedimentos para a etapa de treinamento. É versátil, como a maioria das ferramentas da qualidade.

O nome é relativo às iniciais das sete perguntas que dão base à ferramenta, e a resposta delas pode orientar as suas decisões.

Palavra (inglês)	Pergunta (português)
What	O que será feito?
Why	Por que será feito?
Where	Onde será feito?
When	Quando será feito?
Who	Quem vai fazer?
How	Como será feito?
How much	Quanto vai custar?

---

6. A ferramenta 5W2H teve origem no Japão, criada pela indústria automobilística durante os estudos da qualidade total.

É fácil de usar, e as respostas a cada pergunta ajudarão a ver a viabilidade de colocar em prática algumas das mudanças que podem levar a melhorias ou mesmo a inovações maiores.

As sete respostas vão gerar um mapa de identificação das sugestões e, claro, esclarecer se podem ser executadas pelas pessoas e se o custo é viável. Quanto mais você direciona a atividade que deseja com a aplicação da metodologia, mais específicas serão as respostas e mais certeira a tomada de decisão.

Ela também ajuda na decisão de prioridades. Você escolhe se a decisão será por custo (*how much?*), se em algum local diferente que está realmente precisando de mudança (*where?*) e assim por diante.

Em uma tabela, você vai expor cada sugestão do balanço, apresentando as respostas das perguntas de forma bem didática e visual, a fim de analisar o posicionamento para executar. Quanto mais diretas e claras suas respostas, maior a contribuição para montar seu plano de ação.

Exemplo: sugestão para a empresa criar uma embalagem maior de produto.

Perguntas	Embalagem maior
What?	Envase de maior volume de produto/mudança para a linha de maior envase (linha 2)
Why?	Para obter produtos de maior conteúdo

Where?	Linha de envase
When?	Primeiro teste na segunda-feira (dia xx/xx/xx)
Who?	Responsável pela linha 2 (Sr. Xxxx)
How?	Programar o temporizador do envase para o tempo de maior conteúdo do envase/ Trocar para embalagem de maior volume
How much?	Aumentar o tempo de envase em 10 minutos por batelada e aumentar em R$ X,XX o custo da embalagem maior por produto

Mas a ferramenta não precisa ser usada somente em uma grande empresa. Ela pode ser adotada em uma família, como forma de economizar dinheiro ou propor mudanças em casa. O 5W2H funciona bem com a planilha em um lugar visível, e se todos os moradores da casa entenderem a sua função no processo de mudança.

Exemplo: sugestão para uma família economizar no gasto de água mensal.

Perguntas	Diminuir o consumo de água
What?	Diminuir tempo de abertura de torneiras
Why?	Necessidade de economizar água (meio ambiente) e, consequentemente, dinheiro
Where?	Cozinha Banheiro Área de serviços

When?	Todos os dias da semana
Who?	Todos os moradores da casa
How?	Verificar vazamentos, desligar torneiras e chuveiro enquanto estiver se ensaboando e diminuir o alto fluxo de água quando não for necessário
How much?	R$ XX,XX por cada m^3 consumido

Após os testes e a análise das planilhas, é importante decidir as mudanças que vão seguir como alterações permanentes, as que vão para uma segunda etapa de teste e as que já serão descartadas ou avaliadas em outro momento.

Muitas ideias podem não ser viáveis no presente, mas são separadas para um futuro, um momento econômico ou comportamental diferente. Deixar tudo planejado e guardado é mais fácil se algum momento precisar usar. Conheço empresas que passaram muito rápido do presencial para o virtual na pandemia porque seus projetos já estavam prontos, mas ainda não tinham sido implantados. Com os dados em mãos, tudo ocorreu em tempo de não perder dinheiro.

Mais uma vez, ideias também são reservas, e nenhum projeto separado como positivo e testado no balanço deve ser jogado fora; em algum tempo ou realidade nova, ele pode entrar como viável. Como o mundo muda e, claro, as pessoas e os comportamentos também, ter um banco de ideias é excelente investimento para o novo.

Mas pensando na prática, após as decisões tomadas vêm as mudanças e, claro, a necessidade de nos planejarmos para essas mudanças, pois propor mudanças sempre significa novos planos e novos planejamentos. Recalcular custos e metas novas. Treinar a equipe para novos procedimentos ou adaptação dos antigos. Prever os problemas e as medidas corretivas para corrigir eventuais imprevistos.

Depois de implantados os processos novos, podemos dizer que foi feita a realização do plano que começou como uma proposta e cresceu em todas as fases, chegando ao sonhado plano realizado. Toda atitude tomada segue as provações da vida real e nem todas as análises teóricas podem prever a resposta na prática, então, a realização da mudança vai exigir que você avalie se tudo está caminhando como esperado, se foi superior ou inferior ao desejado.

Lembrando: podemos ter vários tipos de balanços/mudanças/realizações, não só em produtos ou metodologias, mas em comportamentos, com atenção extra ao cliente, economia e até múltiplos pontos para reconfigurar a minha postura na vida. O importante é sempre analisar e guardar seus indicadores, que são excelentes referências da trajetória da sua vida pessoal e profissional.

CAPÍTULO 11

RESERVAS SÃO PORTOS SEGUROS

Vamos conversar agora sobre uma coisa muito importante que precisa entrar no seu planejamento e tem o mesmo peso de tudo que já conversamos até agora. Frequentemente não se toca nesse assunto ou ele é deixado para segundo plano nos conselhos de vida prática. Mas as reservas podem salvar seus planos ou mesmo torná-los viáveis em momentos difíceis.

Quando montamos o planejamento, já incluímos espaços para considerar como vamos formar essas reservas, de onde tirá-las ou maneiras de guardá-las.

O que são reservas? Aquilo que guardamos para momentos difíceis ou acontecimentos inesperados.

Fazer tudo certo não significa que nada de ruim não possa acontecer, mas sim que posso retomar meu rumo mais prontamente. Meu planejamento já prevê intempéries, sugestões de retomada e, claro, o fundo de reserva. Isso é, na verdade, a segurança de que, mesmo se acontecer um imprevisto no planejamento, posso continuar e me recuperar da fase atribulada.

O QUE CHAMAMOS DE RESERVAS? É DINHEIRO?

Na maioria dos casos a reserva é o dinheiro, sim, dinheiro que guardamos a longo prazo, planejado para imprevistos. Ele resolve boa parte dos problemas surpresas e das variáveis inesperadas que podem abalar uma meta.

Não sou economista e não tenho nenhuma pretensão de dar conselhos financeiros, mas, na maioria das vezes, a melhor maneira de formar o seu porto seguro é com uma reserva financeira, que pode ser somada a outras.

Essa reserva pode ser planejada mês a mês de acordo com seu balanço financeiro, e os especialistas na área financeira aconselham chamar de reserva de segurança entre três e seis meses do valor que você precisa mensalmente para sobreviver. Depois dessa quantia guardada e segura, você deve, claro, continuar guardando, mas pode até pensar em arriscar em investimentos mais ousados.

Todo o seu planejamento já inclui esse valor para o fundo de reserva (previsível), mas estamos falando aqui nos imprevistos inimagináveis, surpresas da vida. Não é para cobrir gastos exagerados que você fez ciente de que faltariam recursos.

A vantagem de guardar dinheiro é que não ocupa espaço, não tem validade, você pode investir bem e ter lucros, e ele vai socorrer você em diversos problemas e sob vários aspectos diferentes.

Sempre quando possuímos dinheiro, especialmente em momentos de crise, pode-se fazer bons negócios e conseguir baixar preço ou ganhar um desconto favorável. Em qualquer planejamento, deixar uma reserva financeira é sempre um porto seguro.

Em casos familiares de metas esses fundos de reserva podem ser destinados aos imprevistos de emprego ou oportunidade de comprar algum imóvel a um preço muito bom etc. Depois da pandemia do coronavírus, é até desnecessário falar em inesperado; nesse momento tornou-se claro o peso de uma reserva para manter a vida ou os negócios com o mínimo de condições de seguir em frente.

Mas há momentos em que precisamos de reservas de outras naturezas que não a financeira; dependendo do seu negócio ou seus planos, a reserva pode ser em materiais, ingredientes ou produtos de trabalho. O estoque de reserva em materiais, em alguns casos, também responde muito bem à ideia de segurança. Imagina se você trabalha no ramo de higiene e sanitização. Algum problema pode levar à falta desses materiais no mercado; se você não possui uma reserva, nesse caso de produtos, não terá como resolver a situação. O dinheiro nesse quadro não seria a reserva desejada.

Outro ponto importante sobre reservas de produtos são os contextos em que a compra precisa ser feita com moeda estrangeira. Um estoque de produtos comprados antes de uma variação do câmbio é uma maneira de poupar dinheiro e, mais uma vez, guardar material em caso de problemas de compra no exterior.

Em inúmeros casos, dependendo do seu objetivo, a reserva em materiais pode ser uma excelente forma de guardar aquilo de que se precisa para o futuro com um preço melhor e pensando nos tempos de escassez do mercado. Lembre-se da limitação de espaço se for estocar no depósito, bem como da validade do produto. Algumas empresas, quando compramos um pouco mais, fazem a entrega programada, evitando problemas de armazenamento e validade.

É claro que essa compra em excesso também é planejada passo a passo até formar o montante de segurança desejado. Todo mês compra-se um percentual um pouco maior e vai-se formando o acúmulo de suprimento para os momentos de imprevistos. Muitas vezes, uma compra maior possibilita pagar menos ou ter melhores condições de pagamento, o que também pode ajudar. O estoque em material também possibilita pegar um cliente novo ou um empreendimento maior do que estava esperando.

Mais uma vez, estocar produtos acabados para vender, se for o caso, também pode ser uma segurança, uma reserva que pode possibilitar tranquilidade e ousadia em vendas maiores ou inesperadas. Do mesmo jeito, vai-se mês a mês, ou conforme um calendário preestabelecido, formando o excedente de produto acabado.

Poder fazer os dois tipos de reserva é o melhor dos mundos: garantir o dinheiro de necessidades imprevisíveis e ter materiais e produtos acabados em garantia no estoque. Isso estabiliza as metas e possibilita pensar em melhorias.

Agora, como educadora, eu não poderia deixar de chamar a atenção para o terceiro tipo de reserva que você pode começar a fazer em qualquer momento da vida quando planeja a sua meta – inclusive em um momento em que o dinheiro não permite começar a dar algum passo material. É a reserva de conhecimento, que ajuda a organizar ideias, planejar as metas e até mudar os rumos com os conhecimentos adquiridos.

Como fazer isso? Estudando em um momento de muitos planos, mas pouco dinheiro, aproveitando para procurar novas formações, fazer um curso superior, tentar conhecer áreas de interesse, aprender uma língua, ler, procurar pessoas em diversos segmentos e até fazer estágio em algo que possa acrescentar conteúdo e dar oportunidade de conviver em um novo meio de conhecimento.

A vantagem da reserva de conhecimentos é que ninguém tira de você o aprendizado e as experiências vividas e, quanto mais caminhamos no estudo, mais alimentamos as raízes das ideias. Isso faz com que mudanças internas aconteçam, e nossa visão para o futuro vai crescendo, metas vão surgindo e se desenvolvendo na nossa cabeça. O melhor do conhecimento é que não ocupa espaço, não tem validade e nenhuma crise pode destruir. Essa reserva não tem nenhuma desvantagem.

A reserva de conhecimento pode começar assim que você toma clareza dos seus primeiros sonhos e começa a planejar suas metas. Quanto mais cedo você começar a pensar no saber, mais ele vai ajudando na sua caminhada. Um bom livro, um curso gratuito, a oportunidade de um estágio, ajudar um familiar que já tem um negócio: tudo somará na sua construção de metas para chegar aos planos desejados.

Você já entendeu que toda a sua trajetória importará para a sua caminhada da qualidade e todas as oportunidades são reservas que abrirão portas em algum momento. Inclusive o convívio com as pessoas também é uma reserva que ajuda em vários momentos. Nunca perca a oportunidade de conversar e ouvir.

Construir as três reservas é o melhor dos mundos! Construa seu planejamento incluindo cada reserva como uma tranquilidade para o momento em que for necessário utilizá-las.

Se algo acontece e você não fez suas reservas ou usou-as e achou que não precisava repô-las, você está na faixa da incerteza, do perigo. É como entrar em um carro e dirigir sem cinto de segurança. Qualquer imprevisto pode ser muito ruim. As reservas são a base da qualidade, porque trazem a esperança da continuidade e a possibilidade de ousar em mudanças e dar passos maiores.

Sempre existem possibilidades, mas você dependerá de empréstimos, juros, gastos grandes para o momento e o futuro. Mesmo que supere o abalo da dificuldade, pode ter prejuízos grandes.

Não negligencie suas reservas: se precisou usá-las, reponha, se passou apertos ou tomou um golpe da vida, aprenda com os erros e crie condições de gerar novos acúmulos. O planejamento obrigatoriamente inclui as suas reservas, lembre-se disso!

Então, a hora é agora: construa as suas reservas, pense nelas como a sua boia em mar revolto. Elas são portos seguros, caminhos para realizar sonhos/planos e a certeza de noites de sono tranquilas; em alguns momentos da sua vida, planeje suas reservas!

Uma última reserva que precisamos guardar é a de ideias, que aparecem muitas vezes em horas erradas ou são impossíveis de utilizar. Elas nunca devem ser desprezadas: escreva, grave, digite, ache uma forma de colocá-las em um cadastro. Com minha mania de caderninhos, escrevo todas as minhas manifestações de criatividade, malucas ou normais, pois costumo dizer que no mundo das ideias não tem classificação de velocidade. Escrevo, simplesmente, e depois de alguns dias vou rir e perceber se são ou não viáveis. Essa é uma reserva pessoal e intransferível que pode fazer a diferença no mundo sedento por novidades. Uma mente criativa é um campo fértil de ideias e, consequentemente, de reservas.

Nunca despreze a sua criatividade, seu dom natural de ver as coisas com um filtro de mudança. Observe o que pode mudar, se não hoje, no futuro, trabalhe essa "mania" dentro de você e guarde as suas ideias como únicas – no momento certo essa reserva criativa fará a diferença.

Se você conduz uma equipe ou se essa equipe é sua família, construa sempre um momento de opiniões, novas ideias e mudanças, mesmo que seja para um banco de ideias. Uma visão coletiva constrói a chamada associação de ideias, em que um complementa o pensamento do outro e aponta o caminho com uma visão mais impessoal e criativa. Não deixe passar o momento, monte o seu registro de ideias e visite-o sempre que precisar de mudanças.

Reservas nos trazem oportunidades e tranquilidade, e fazem a diferença entre crescer ou quebrar em momentos difíceis.

A pandemia foi um divisor de águas para muitos sonhos em 2020, mas quem seguiu e conseguiu sobreviver tinha a visão de reservas, e seus clientes eram muito satisfeitos e foram atrás dos seus serviços. Nunca se pensou em algo assim, mas foi uma experiência clara do totalmente imprevisto e da necessidade de pensar e agir dentro do que a qualidade nos ensina.

A grande lição desse momento ímpar dos tempos modernos foi que quem tinha a sua reserva era privilegiado e, em muitos casos, essa foi a diferença entre continuar e quebrar.

CAPÍTULO 12

LIDERANÇA

Assim como a profissão de professor vai além dos conhecimentos e livros, um educador ensina com atos e exemplos. Podemos estender essa postura a um líder. A pessoa que ocupa esse lugar, além do conhecimento técnico, precisa ter a capacidade de exercitar a qualidade comportamental.

Não tenho nenhuma pretensão de discutir esse tópico com meus ínfimos conhecimentos sobre o assunto, mas, para falar em qualidade, é preciso refletir sobre a pessoa que ajuda a conduzir a equipe, aquela que se torna referência do seu empenho e dedicação à causa, seja familiar ou empresarial.

Não tenha como referencial uma figura sisuda ou carrancuda, esse não é o perfil de um líder do nosso século. Liderar pelo medo ou pela intimidação não é liderança, é acuar e oprimir sua equipe.

Um bom líder pode ter a pressão do mundo em seus ombros, mas manter a sabedoria e paciência dos monges. Vários líderes mundiais pelos quais tenho muito respeito e admiração trazem um sorriso sincero e carismático e levam seus mandatos com sensibilidade e competência. Com certeza, passaram por muitos momentos difíceis e de muita reflexão, mas seguiram transmitindo o equilíbrio e a serenidade necessários em qualquer liderança.

E falando em sensibilidade e saber escutar os outros, essas são características necessárias para conduzir uma equipe: mais do que aplicar a qualidade comportamental, o líder precisa de uma dose de gentileza e um toque de humanidade. Por que isso? A resposta é a mesma que dei alguns capítulos atrás: porque somos seres humanos, todos precisamos de motivação e, às vezes, ser tratados de maneira especial para atravessar determinados caminhos da vida.

Um líder que sabe ouvir e tomar decisões amadurecidas e sensatas pode motivar e gerar coesão de ideias, fazendo uma equipe progredir e crescer. Palavras rudes ou atos grosseiros tornam o convívio difícil e pode baixar a motivação e enfraquecer a equipe. Saber ouvir e tomar atitudes sensatas é a arma forte dos bons líderes.

Isso não quer dizer que erros ou problemas não acontecerão. Então, como agir na detecção de um erro? Temos algumas fases para uma falha: temos o erro técnico, o erro comportamental ou um levando ao outro. Antes de levar para o lado da indiferença ou desprezo ao que era competência do trabalhador/equipe, há necessidade de averiguar que tipo de erro técnico levou àquela falha final. Um erro técnico origina-se em um treinamento ruim ou na ausência de treinamento, pode ser um caso em que as funções não foram entendidas claramente ou, ainda, um entendimento trocado do que foi exposto como procedimento. Passando para a investigação comportamental, precisamos ver o andamento geral do funcionário ou da equipe: ele nunca falhou? Foi a primeira vez? Era ótimo, mas ultimamente só tem feito besteira? Nunca foi bom? Tal procedimento é importante, porque um erro comportamental pode ter distintas causas, como desestímulo, problemas de saúde, problemas familiares ou mesmo emocionais. E, claro, o comportamento leva a erros técnicos.

Então, mais uma vez: conhecer, ouvir, observar, entender os diferentes momentos antes da ação, principalmente se for uma ação mais radical, é indispensável para um líder. E saber enxergar as diferentes vertentes o tornará mais direto e justo na hora de conversar e tomar decisões com esse colaborador ou equipe.

Saber ouvir e observar sempre foi, para mim, importante, mas também difícil, pois pessoas são diferentes e têm personalidades bem diversas. Quando estive em cargo de chefia, trabalhei com jovens, e nem sempre as conversas eram fáceis. Alguns eram falantes e desembaraçados, outros, tímidos e completamente fechados. Eu usava um truque muito pessoal que em inúmeras vezes me ajudou com alguns problemas. Pedia que escrevessem uma carta para mim, colocando no papel aquilo que achavam importante na situação e como eu poderia ajudar a resolver o problema.

Quando recebia o papel, eu colocava na bolsa e combinava um novo encontro. Lia a carta na minha casa, com calma e paciência; algumas me emocionavam, outras me faziam refletir, mas todas me levavam a achar um caminho, uma solução para ajudar. Depois de ler, pensar e de uma boa noite de sono, conversava de maneira calma e isenta da carga emocional de alguns relatos, e, depois disso, soluções eram tomadas. Eu preparava até uma lista com os pontos técnicos e comportamentais, tópicos para abordar o problema e possíveis saídas pelos dois lados.

Quando não tinha o tempo da carta ou o dia seguinte, eu chamava para um café ou um sorvete, no calor do Rio de Janeiro e, nesse ambiente mais informal e relaxado, começava com amenidades até entrar no ponto principal, então, conseguia escutar o problema e, após algum tempo de conversa, já podia sugerir algumas mudanças. A mudança do ambiente deixava um pouco mais leve o assunto delicado, e a pessoa se sentia menos nervosa.

O fato é que todos nós trabalhamos e precisamos de pessoas. Por melhor que alguém seja tecnicamente, não consegue seguir sem ajuda de outros; por mais que você tenha um comportamento perfeito, não consegue dar conta sem outras ideias maravilhosas. Ou seja, somos dependentes uns dos outros. Logo, o que é indispensável para seguir com qualidade na vida pessoal e profissional é o coletivo, precisamos de pessoas. E, claro, conviver bem com essas pessoas.

Não podemos trabalhar com pessoas como se fossem máquinas, pessoas precisam de sentimentos, humanidade e amparo. Da mesma maneira que temos foco nos nossos clientes, temos que ter foco na nossa equipe. Não no sentido de cobrança, mas no sentido de alinhamento. Ouvir ideias, caminhar com um objetivo em comum, partilhar os valores coletivos. Tornar agradável e leve a jornada diária.

Lembre, a motivação impulsiona as pessoas a seguirem em frente, e isso aumenta a produtividade e a qualidade do resultado. Não existe qualidade sem que sua equipe caminhe interessada; assim como um cliente fiel é o sonho de toda marca, um colaborador leal e feliz é o sonho de todo líder. Por isso, afinar seu funcionário com seus valores, acreditar nele e superar juntos as dificuldades pode levar a um relacionamento técnico e comportamental muito duradouro e cativante (para os dois lados, afinal, ambos precisam um do outro).

Trabalhamos muitas horas por dia, muitos dias na semana, logo, ser agradável, prazeroso é o que faz a diferença, nos leva a ouvir a voz da motivação. Assim como a aula de um bom professor estimula-nos a sair de casa, um bom líder sabe fazer esse tempo de trabalho ser produtivo e agradável, o que o torna desejável, e construímos a ligação emocional com a nossa rotina.

Conquiste a sua equipe, tenha respeito e compartilhe valores com quem está ao seu lado. Pessoas acertam e erram, mas a qualidade comportamental é uma variável indispensável quando montamos ou avaliamos uma equipe. Uma marca é construída por pessoas e para pessoas; se a sua marca tem uma equipe afinada e comprometida, isso levará a resultados com qualidade, e a motivação de todos refletirá nos produtos e/ou serviços.

Se você tem uma equipe com pessoas de comportamento companheiro, dedicado, com bom desempenho, vale ajustar as aparas e perceber o quanto precisamos de bons parceiros, e, se for necessário, reforçar alguns pontos técnicos no treinamento.

Valorize cada membro da sua equipe e o trabalho que ele realiza, mostre o quanto ele faz a diferença e, principalmente, reconheça um trabalho bem-feito, um esforço realizado e uma meta alcançada. Cada trabalho tem sua importância e sua grandeza na escalada da qualidade.

A pandemia mostrou para todos, inclusive para os líderes, como a saúde, o bem-estar, ou seja, a vida vale mais que as cifras. Com certeza, outra grande mudança que vamos acompanhar é essa valorização do colaborador e toda a equipe pensando na sua saúde mental/física e na ressignificação da relação do coletivo, a força de caminhar juntos e a importância da valorização do pessoal como parte integrante do sucesso.

A liderança mais humanizada e a valorização das pessoas ajudam a superar as dificuldade e a visão do potencial do colaborador fortalecerá a equipe e fará toda a diferença nesse momento de grande transição dos moldes antigos de trabalho para uma forma cada vez mais comportamental de trabalhar.

A confiança no ser humano é a melhor coisa para quem trabalha com qualidade. Valorizar o trabalho em equipe e reconhecer os valores de cada profissional é a função de um líder motivador que acredita que a qualidade também tem como base a qualidade do convívio e do trabalho em conjunto.

CAPÍTULO 13

INOVAÇÃO

"Inovação: 1. Ação ou efeito de inovar. 2. Aquilo que é novo, coisa nova, novidade."[7]

Algumas pessoas dizem que a qualidade leva à inovação. Outras falam o contrário, que a inovação leva à qualidade.

Independentemente da ordem, qualidade e inovação caminham juntas e são frutos de pequenas mudanças constantes e em vários pontos diferentes da sua meta. O que isso significa?

Na verdade, inovação não significa que todo mês você e sua equipe precisam criar uma superengenhoca igual à dos desenhos animados. Inovar é constantemente ter um olhar crítico para fazer mudanças simples no dia a dia e verificar as melhorias dessas alterações. É perceber onde existe uma brecha que não atende perfeitamente a expectativa das pessoas ou da própria unidade de produção/venda, sob aspectos operacionais diversos: financeiro, colaboradores, segurança, meio ambiente,

---

7. Ferreira, Aurélio Buarque de Holanda. **Novo Aurélio Século XXI: o dicionário da língua portuguesa.** 3 ed. Totalmente rev. e ampl. Rio de Janeiro: Nova Fronteira, 1999.

clientes, estrutura etc. Todos os dias, olhar o chamado "normal" e pensar no que fazer para ser um pouco melhor. Como melhorar em cada detalhe pequeno, mas que pode ter grande impacto no todo.

Não preciso ter um produto novo todo mês, ou toda segunda-feira começar uma dieta hiper, mega, master sei lá o quê... Mas devo olhar o meu entorno e, principalmente, ouvir colaboradores e consumidores e verificar mudanças que, mesmo suaves e pequenas, levariam a uma transformação significativa para todos. Assim nasce uma inovação!

Um olhar inovador é dinâmico e inquieto, vê a rotina não só como o andamento de costume do desejado, mas como a janela das mudanças futuras. Observar o que não está colaborando com nossa meta de qualidade ou o que pode ultrapassar o esperado é o caminho para modificações.

Como trabalho com alimentos, tenho a mania de passear em supermercados próximos à minha casa, mas também durante passeios e viagens, e a mania inclui também olhar produtos que eu não conhecia e mentalmente buscar melhorias para embalagens que não me agradaram. Como espectadora daqueles produtos, eu me sinto uma jurada de programa de auditório julgando o desempenho e propondo coisas novas. Pode ser loucura, mas minha mente é inquieta e preciso me distrair até nos mercados.

O que quero dizer é que devemos olhar para tudo e pensar em como posso melhorar, esse é um hábito que criamos e incorporamos no nosso olhar da vida. Assim, sempre poderemos propor mudanças e sugestões que levaram a melhorias contínuas e, claro, a inovação e qualidade.

Reuniões de mudanças e ideias são sempre importantes. Chame todos os envolvidos no assunto e peça que cada um, pelo seu ponto de vista, coloque as suas sugestões. Se sou uma empresa, chamo meus colaboradores. Se estou com minha família, chamo os membros da casa, então coloco a questão em debate e abro para todos falarem. Existe um termo técnico para isso: *brainstorming*.[8] A tradução literal seria "tempestade de ideias", mas, na prática, é uma reunião onde todos se colocam com ideias e sugestões: exatamente aquilo de que precisamos.

As sugestões dessa reunião podem ser sobre vários pontos diferentes, como melhorias, economias ou como o cliente pode se sentir mais bem atendido. Todas as colocações são ouvidas, e as mais relevantes são votadas para passar para a etapa de planejamento.

---

8. *Brainstorming* é uma dinâmica de grupo para discutir ideias (contribuições espontâneas) com a finalidade de resolver problemas, desenvolver novas ideias ou projetos. Ajuda a estimular o pensamento criativo e o trabalho em equipe. Sua origem foi na década de 1940, quando Alex Osborn, um publicitário, nomeou pela primeira vez a forma criativa de participação que conhecemos hoje.

Para motivar a equipe, é importante homenagear as melhores ideias e envolver os autores nos estudos. Não se esqueça de sempre retornar com os impactos positivos das melhorias implantadas.

Repare que cada pessoa tem uma visão diferente sobre o assunto debatido, e a soma dos diferentes ângulos de percepção levará à riqueza de ideias e a uma diversidade de caminhos para mudanças. Essa reunião deve envolver todos e ser frequente, para que novas mudanças possam ser iniciadas e as metas, sempre renovadas. É uma janela sempre aberta para o novo, um caminho para inovar.

Sugestões contínuas e melhorias contínuas levam a inovação e qualidade, ambas dinâmicas, mutáveis e participativas. Elas motivam porque estão sempre na busca de uma nova meta, um novo degrau e, claro, novos resultados positivos.

As mudanças constantes impulsionam a qualidade, mas também integram e incentivam a equipe a seguir unida, participativa e engajada. Se o processo for sistêmico e encorajador, levará a resultados eficientes e criativos, beneficiando a todos.

Quando uma família caminha com seus planejamentos e pensando em mudanças contínuas, descobre caminhos diferentes para economizar, planejar e até inovar no dia a dia e nas metas presentes e futuras.

A melhoria contínua se faz necessária também para melhorar a vida da família, da equipe e de todos os membros envolvidos. Todos ficam mais satisfeitos e valorizados quando o assunto é conforto e horas de trabalho. Algumas mudanças no próprio treinamento e até os mimos (bonificações) podem aumentar a motivação e tornar a rotina animada e criativa.

As mudanças podem ser pensadas sob vários aspectos, todas com o objetivo de surpreender, encantar e propor uma novidade no lugar/serviço/produto, com foco no cliente, mas também na equipe. Conhecendo seu público-alvo, tudo fica mais fácil. Pense, como ser humano, no que gostaria de ter naquela situação, em como queria ser recebido ou qual embalagem seria mais fácil de usar.

Quando tratar-se de mudanças no processo, analise os indicadores de desempenho, o que pode melhorar, como mudar, como tornar mais sustentável, consumir menos água e energia, usar matérias-primas menos poluidoras, como tornar a vida dos colaboradores mais agradável no seu expediente.

E, claro, num mundo dinâmico, todos têm expectativas de mudanças e cada vez mais vão cobrar padrões mais elevados e personalizados de processos, serviços e produtos. Afinal, as pessoas a cada momento têm consciência do valor do dinheiro, dos problemas ambientais e da importância da qualidade de vida; o bom atendimento será alcançado, portanto, com mudanças e inovações.

CAPÍTULO 14

APRENDENDO COM O PASSADO

Muitos especialistas dizem que não aprender com o passado ou não se lembrar dele é perder o seu próprio rumo e ter sempre a sensação de recomeço vazio. O passado mostra erros e acertos que nunca devem ser abandonados, e países constroem museus de seus duros momentos para ensinar às novas gerações os horrores da sua história, para que aprendam e nunca mais deixem que se repitam.

Uma das melhores coisas da vida é que estamos em constante aprendizado e crescimento. Então, nunca fechamos ou concluímos um assunto totalmente, podemos voltar e acrescentar ideias, e propor novas metas a antigos planejamentos, fazendo uso da maturidade adquirida. Enxergamos novos caminhos que no passado não haviam despertado a nossa atenção.

Assim, tenho sempre o passado como apoio na minha trajetória e o presente com ideias novas e mudanças para continuar o futuro de inovações.

Você achou que em algum momento dormiria em berço de ouro tranquilamente? Sim, a certeza do trabalho bem-feito, do apreço aos valores corretos, o respeito aos seus clientes e equipe trazem muita tranquilidade e satisfação. Mas lembre, a qualidade é dinâmica e desejamos mudanças sempre.

Posso retornar ao início e fazer a chamada de todos os detalhes, posso focar algum ponto especial que pode ser melhorado ou acrescentar alguma pequena particularidade que não foi pensada ou que naquele momento da caminhada pode ter passado despercebida. O tempo, as experiências e até uma situação financeira estável podem me levar a um novo caminho com o meu barco de sempre. Isto é, com o meu negócio e a equipe de confiança, de repente percebo novos rumos de serviços ou produtos.

Cada degrau em cada andar deve ser revisado. Há pessoas que chamam essas revisões de "baile da saudade", em homenagem ao passado. O "baile da saudade" é sempre uma forma de fortalecer suas bases e homenagear ideias que deram certo e ainda funcionam. É exatamente uma reunião e discussão para chamar assuntos passados e torná-los presentes, mas com uma visão moderna, mais madura e, na maioria das vezes, em uma realidade financeira melhor.

Percebeu, então, que "a volta ao passado" na verdade é reinventar o nosso próprio planejamento? Ao passar a limpo a minha história e corrigir detalhes, vou acrescentar mais solidez à marca e reforçar a preocupação em agradar meus clientes e escutar e valorizar minha equipe.

Alguns seguimentos fazem seus balanços ou repassam seu passado em aniversários. Aproveitam para comemorar, mas também para repassar problemas e soluções que podem servir de inspiração para o presente.

Algumas indústrias ou lojas de serviços utilizam memórias (às vezes também em épocas de aniversários) para lançar novamente antigos produtos ou embalagens comemorativas ou promoções que fizeram muito sucesso no passado. É uma homenagem aos seus antigos clientes e uma forma de contar suas histórias aos novos.

Não se esqueça de incluir nessas novas metas as avaliações anteriores dos clientes e da equipe, pois melhorias contínuas no presente devem incluir o balanço dessas informações. O balanço do passado precisa existir para tudo o que constrói as diversas faces da sua marca.

Histórias são aprendizados, e a nossa história é inspiração para crescimento com base nos nossos valores e convicções. Claro que todos já pensaram que se pudessem começar de novo fariam tudo diferente, mas por que desejamos isso? Exatamente porque passamos por tudo antes. Essa vivência é que fez abrir novas ideias, e o aprendizado traz a vontade de fazer melhor.

Mas sempre é possível melhorar e mudar o que não agradou no passado. Por isso, rever o passado, seus problemas e suas decisões de melhorias são por si só um aprendizado. E fazer no presente o balanço sobre velhos e novos rumos é ter uma visão geral de onde se quer chegar, melhoras contínuas e inovações almejadas.

Quem planeja o futuro sem olhar os indicadores do passado, sem conhecer as derrotas e as vitórias da sua marca, sem analisar seus pontos fortes e fracos, está perdendo a chance de aprender e não fazer as mudanças corretas e de definitivamente resolver problemas persistentes ou recorrentes na trajetória.

Outra reflexão interessante é olhar os balanços do passado e ver o crescimento, os problemas e as metas desenvolvidas. A cada ano, os problemas e as metas precisam ir mudando, crescendo, alcançando patamares mais ousados. No balanço anual não posso estar no mesmo lugar do ano anterior ou com os mesmos problemas e os mesmos indicadores dos anos que passaram, ou ainda pior. Cada ano novo precisa trazer metas novas e desafios novos; se o ciclo está só se repetindo anualmente, pare tudo e recalcule as suas metas. Converse com a equipe e invista mais nas mudanças. Tenho um lema que é: ano novo, meta nova e problemas novos.

Não existe vida sem problemas, eles são os limites a serem vencidos todos os dias, são temperos, e qual é a graça de um prato sem tempero? O problema é quando há tempero demais ou quando tudo está sem gosto. Aí, precisamos mudar completamente esse cardápio. Se o gosto do seu prato é sempre o mesmo, o erro é do cozinheiro; pare tudo e analise seu cardápio.

Não existem metas sem problemas ou topo da qualidade sem trabalho duro, porque estamos sempre almejando melhorias que levam a mudanças e inovações. Tudo isso gera problemas. Mesmo quando chegamos no topo do prédio da qualidade, depois de fazer esforços e um trabalho duro, podemos sonhar com as estrelas.

Nesse ponto, posso começar a olhar a qualidade com uma visão holística, envolvendo mais que a minha marca; minhas metas passam a centrar no coletivo, algo maior que as minhas expectativas internas. Sempre quero o melhor, não só internamente, mas na sociedade, no mundo – é dele que devemos cuidar, porque é a nossa casa.

Reinventar, pesquisar, buscar ideias novas ou remexer o baú do passado, tudo é importante para lembrar que a todo momento posso me reinventar e perceber que o mundo à minha volta é sempre diferente. O importante é colocar na cabeça que as mudanças, o aprendizado e a busca da qualidade são dinâmicos e vivos como a vida!

A vida é um planejamento a cada dia, cada semana, cada mês e cada ano. Planeje sua vida com o olhar nos passos do passado, do presente e do futuro; assim, as surpresas serão mais previsíveis e o imprevisível, mais fácil de ser resolvido com as suas experiências.

Viva cada dia de uma vez, com amor e fé, planejamento e qualidade.

REFERÊNCIAS

CALOBA, G.; KLAES, M. **Gerenciamento de projetos com PDCA:** conceitos e técnicas para planejamento, monitoramento e avaliação do desempenho de projetos e portfólios. Alta Books, 2016.

DEMING, W.E.; ORSINI, J.N. (ed.). **The Essential Deming:** Leadership Principles from the Father of Total Quality. McGraw-Hill Education, 2012.

DISNEY INSTITUTE. **O jeito Disney de encantar os clientes:** do atendimento excepcional ao nunca parar de crescer e acreditar. Trad. Cristina Yamagami. São Paulo: Saraiva, 2011.

FEIGENBAUM, A.V. **Total Quality Control.** 3.ed. McGraw-Hill, 1991.

ISHIKAWA, K. **Guide to Quality Control.** Asian Productivity Organization, 1986.

_____. **Total Quality Control (TQC):** estratégia e administração da qualidade. IM & Internacional Sistemas Educativos, 1986.

MARSHALL JR, I.; CIERCO, A.A.; ROCHA, A.V.; MOTA, E.B.; LEUSIN, S. **Gestão da qualidade.** 9.ed. São Paulo: FGV, 2008. Série Gestão Empresarial.

MIRA, G.A.; BRISOT, V.G. **Programa 5S**: qualidade total nas empresas. São Paulo: Viena, 2014.

OAKLAND, J. S. **Gerenciamento da qualidade total (TQM).** São Paulo: Nobel, 2007.

PALADINI, E. P. **Gestão da qualidade**: Teoria e Prática. 3.ed. São Paulo: Atlas, 2012.

POSSARLE, R. **Ferramentas da qualidade.** São Paulo: Senai, 2014.

SELEME, R.; STADLER, H. **Controle da qualidade**: as ferramentas essenciais. InterSaberes, 2013.

Amor e fé, planejamento e qualidade.
Com os dois primeiros, podemos mudar o mundo;
com os dois últimos, podemos organizar e
definir essa mudança.
Tudo na vida já pode ser pensando para dar certo e
atingir nossas metas com clareza, ética e objetivos
quantificáveis. Isso é sonhar com qualidade.